Die erfahrene Generation
Alt und Jung am Basteltisch

Die erfahrene Generation

Hans Gert Eichler

Alt und Jung am Basteltisch

Rasch beschafft – leicht gemacht –
Spielfreude für viele Gelegenheiten

Klett

CIP-Kurztitelaufnahme der Deutschen Bibliothek

Eichler, Hans Gert:
Alt und Jung am Basteltisch: rasch beschafft –
leicht gemacht – Spielfreude für viele Gelegenheiten /
Hans Gert Eichler. – 1. Aufl. –
Stuttgart: Klett, 1982.
(Die erfahrene Generation)
ISBN 3-12-763960-0

1. Auflage 1982
Fotomechanische Wiedergabe nur mit
Genehmigung des Verlages.
© Ernst Klett Stuttgart 1982 –
Alle Rechte vorbehalten.
Printed in Germany
Illustrationen: Herbert Horn, München
Fotos: Günter Hildenhagen, Münster
Einband: H. Lämmle und H. Nast-Kolb, Stuttgart
Satz: Steffen Hahn, Kornwestheim
Druck und Binden: W. Röck, Weinsberg

Inhalt

Spielen im Alter 7

I
Die Windmühle aus Strohhalmen 12
Eine Wassermühle aus Ästen 16

II
Etwas für schlimme Ferientage 18

III
Tierische Waschläppchen 26
Osterhäschen, einmal anders 28
Weihnachtskugeln für ein ganzes Jahr 31
Ostereier zum Durchsehen 34
Wandbilder aus geschnittenem Stoff 36

IV
Allerlei Schiffchen 42

V
Plastische Bilder 52
Kleine Reiseandenken 56

VI
Spiellandschaften 62
Püppchen aus Draht 67
Bäume für die Landschaft 72
Ein Zoo entsteht 74
Ein Bauernhof wird gebaut 84
Eine Puppenstube – selbst gefertigt 87

VII
Puppentheater und Marionetten 92

Übersicht: Materialien – Bastelvorschläge 102

Spielen im Alter

Das Spiel gilt gemeinhin als Domäne des Kindes. Wenn Kinder spielen, sind sie gesund, sagt der Volksmund. Die Ursachen des kindlichen Spieles sind sehr vielfältig und sollen hier im einzelnen nicht untersucht werden. Für uns geht es um die Frage, ob erwachsene Menschen ein Recht zum Spiel haben. Dazu müßte geklärt werden, was unter Spiel zu verstehen ist. Ist Fußballspiel noch ein Spiel? Ist das Roulette, das Glücksspiel noch ein Spiel? Und wie verhält es sich mit dem Lotteriespiel? Wenn Gesellschaftsspiele gemacht werden, ist der Charakter des Spieles am ehesten getroffen. Auch beim Kartenspiel wird gespielt, selbst dann, wenn es um geringe Einsätze geht. Diese Spiele werden auch Erwachsenen zugestanden.

Wie aber verhält es sich, wenn Erwachsene mit richtigem Spielzeug spielen? Die Zahl der Witze über Väter, die zu Weihnachten darauf warten, daß die Söhne schlafen gehen, um dann selbst mit der Spielzeugeisenbahn zu spielen, ist unendlich. Dabei hat jeder Erwachsene das Recht, zu spielen und damit einer Beschäftigung nachzugehen, die in vollständiger Freiheit geschieht.

Spiel bietet immer die Möglichkeit mehrerer selbstgetroffener Entscheidungen. Es sei hier daran erinnert, daß dieser Begriff selbst in der Technik anzutreffen ist; so sagt zum Beispiel der Autoschlosser von einer nicht fest angezogenen Schraube, sie habe *Spiel,* das heißt, sie läßt sich beliebig in beide Seiten drehen. So ist Spiel immer eine Sache, die in Freiheit zu geschehen hat. In der Freizeit hat der Erwachsene seine Freiheit, und erst recht der ältere Mensch, der aus dem Berufsleben ausgeschieden ist, verfügt über ein hohes Maß an Freizeit. Sollte er da nicht spielen?

Wissenschaftliche Untersuchungen haben ergeben, daß jeder Erwachsene eine Anzahl von unerfüllten Kinderwünschen mit sich herumträgt, man spricht hier von den Remanenzwerten eben dieser Wünsche. Das kann einmal auf den Beruf bezogen werden. Wie viele kleine Jungen hatten in ihrer Jugend nicht vor, Lokführer, Flugkapitän oder gar Weltraumfahrer zu werden! Mir ist ein Fall bekannt, in dem ein kleines Mädchen immer auf die Frage, was es später werden wollte, Müllmann sagte. Erst nach näherem Forschen ergab es sich, daß diesem Kinde die Tätigkeit weniger vom Ausleeren der Mülltonnen her als vielmehr davon bestimmt zu sein schien, daß man auf einem fahrenden Auto hinten stehen durfte und sich nur mit einer

Hand festzuhalten brauchte, um dann die Welt fahrend zu erleben. Diese Beispiele könnten ins unermeßliche fortgeführt werden.

Wenn wir dafür plädieren, daß Erwachsene sich diese unerfüllten Jugendträume in bezug auf Spielzeug im Alter erfüllen sollten, dann geschieht das deshalb, weil hier ein wirkliches inneres Anliegen vorliegt. Auch das läßt sich durch Beispiele belegen. In der Regel ist es die Scheu vor der Umwelt, sich solchen Tätigkeiten zu widmen. Der Direktor eines großen Unternehmens wurde vor langer Zeit von mir nach seinen eigenen unerfüllten Jugendträumen befragt. Er gab an, sich zeitlebens eine Dampfmaschine gewünscht zu haben, die richtig laufen kann, um damit eine Vielzahl von anderen Spielzeugen in Bewegung zu setzen. Diese Dampfmaschine ist ihm allezeit verwehrt worden, weil seine Mutter Angst vor der offenen Flamme hatte. Als ich ihn anregte, sich nun eine Dampfmaschine zu kaufen, wo doch der Kauf keine Schwierigkeit bereiten würde, lachte er nur und sagte: „Was würden meine Töchter und die angehenden Schwiegersöhne sagen, wenn ich nun plötzlich mit der Dampfmaschine zu spielen begänne?" Als wir uns nach längerer Zeit wiedertrafen, lachte er mir zu und sagte: „Ich bin damals Ihrem Rat gefolgt. Warum sollte ich mir nicht eine Dampfmaschine kaufen? Nur: Meistens komme ich auch jetzt noch nicht zum Spielen, weil das die Töchter und die angehenden Schwiegersöhne mit Vorliebe tun."

Dieses Beispiel zeigt, daß es ohne Prestigeverlust möglich ist, auch als Erwachsener seinen Neigungen nachzugehen, wenngleich solches Verhalten oft durch abwertende Berichterstattung in Illustrierten und in der Presse in Mißkredit zu geraten droht. So ist es uns bei unseren Bemühungen häufig passiert, daß zwar exakte Berichte über unsere Arbeit erschienen, daß aber die Aufhänger, die Überschriften ausgesprochen unglücklich gewählt waren. Da hieß es: „Die Alten spielen wie die Kinder" oder „Oma drückt das Püppchen, Opa läßt den Zug rollen", oder es erschienen ähnliche unsinnige Angaben. Wenn sich die Presseleute auch nur die Spur von Gedanken über den Vorgang des Spielens gemacht hätten (es wäre für sie möglichenfalls eine recht ungewohnte Tätigkeit gewesen, sich Gedanken zu machen), dann hätten sie sehr schnell herausfinden müssen, daß alte Menschen eben nicht wie Kinder spielen können, denn es liegen zwischen ihnen und Kindern in der Regel 50, 60 und 70 Jahre an Lebenserfahrung, die sich einfach nicht wegwischen lassen. Die Unbefangenheit, mit der Kinder spielen, haben Erwachsene längst verloren. Deshalb ist ein Vergleich in dieser Richtung absolut unsinnig. Wenn Erwachsene spielen, dann spielen sie wie Erwachsene, und wenn alte Menschen spielen, dann spielen sie wie alte Menschen. Jeder in der Weise, die ihm angemessen ist. Wenn man das einmal begriffen hat, dann dürfte die Schwellenangst vor dem Spiel damit überwunden sein, und man kann sich in Ruhe an die Dinge heranwagen, von denen man ein Leben lang hin und wieder geträumt hat.

Hier soll darauf verwiesen werden, daß es sich bei diesen Aussagen keineswegs um bloße Theorien handelt. Wir haben seit 10 Jahren ein eigenes Altenzentrum, in dem alte und junge Leute miteinander all die Techniken, über die dieses Buch berichtet, praktisch erprobt haben. Wir wollten von vornherein vermeiden, eine Einrichtung zu schaffen, in der alte Leute abgeschlossen von der Umwelt, gewissermaßen in einem Getto, Dinge betreiben, die sie interessieren. Uns ging es vielmehr darum, Möglichkeiten zu schaffen, die den Kontakt zur Umwelt vertiefen.

Deshalb wurden nicht nur ältere Mitbürger eingeladen, sondern gleichzeitig junge Leute und auch Kinder, um im Miteinander kleine Werke zu erstellen, die Freude machen und die älteren Menschen Gelegenheit geben, ihre Erfahrungen an die jüngere Generation weiterzugeben, die andererseits die Möglichkeit hat, ohne besondere Voraussetzungen von älteren Menschen zu hören, was sie im Laufe ihres Lebens erfahren haben.

Diese Einrichtung, die vor nunmehr 10 Jahren ins Leben gerufen wurde, war von vornherein darauf ausgerichtet, alten Menschen Gelegenheit zu geben, sich durch handwerkliche Arbeiten selbst darzustellen. Dazu war es nie erforderlich, Vorkenntnisse mit einzubringen. Es genügte lediglich der gute Wille, um dabeizusein.

Deshalb wissen wir auch, daß alle die im folgenden angeführten Bastelmodelle machbar sind. Wer beim Durchblättern des Buches Schwierigkeiten sehen mag, wird feststellen, daß sie in dem Augenblick schwinden, wo man selbst Hand anlegt und praktisch arbeitet.

Auch außerhalb unseres Hauses haben wir in unterschiedlich großen Gruppen, bei denen immer Alt und Jung miteinander arbeitete, Erfahrungen sammeln können, die uns gezeigt haben, daß all das, was hier beschrieben ist, und viele Dinge, die weit darüber hinausgehen, ohne Schwierigkeiten machbar sind.

Im folgenden sollen hier Beispiele genannt werden, die nicht nur das

Spiel schlechthin, das Spiel um des Spieles willen aufzeigen sollen, sondern die gleichzeitig eine Möglichkeit schaffen, über Generationen hinweg im Spiel Brücken zueinander zu bauen. So sind viele Spiele, die hier angegeben sind, aus dem Kreativbereich gegriffen, das heißt, sie stellen Anforderungen an die Fantasie des einzelnen, auch an seine handwerklichen Fähigkeiten, und bezwecken gleichzeitig, daß auch das Interesse von Kindern für Ihr Spiel geweckt wird. Eine sinnvollere und schönere Beschäftigung mit Spiel und Spielzeug ist kaum denkbar.

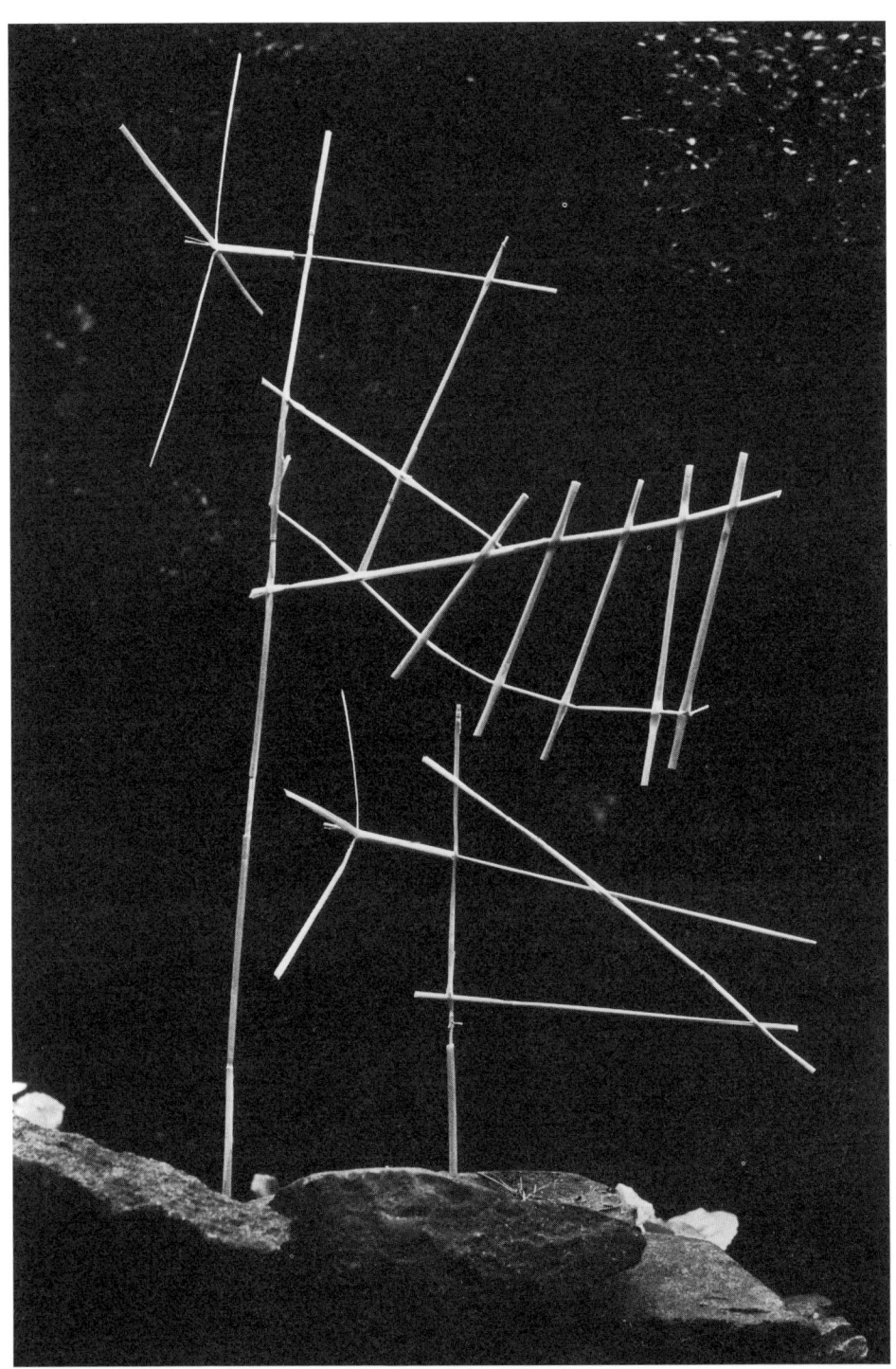

I
Die Windmühle aus Strohhalmen

In diesem Buch sollen nicht nur Spielzeuge beschrieben werden, die im Hause gefertigt werden. Bei Spaziergängen in der freien Natur bieten sich viele Dinge an, mit denen wir basteln können. Hier sei zunächst auf die Kornfelder hingewiesen, die wir beileibe nicht plündern wollen, von denen uns aber ein oder zwei Strohhalme, die möglichst so am Rande stehen, daß sie bei der Ernte ohnehin übersehen werden, das Material liefern können, um hübsche Dinge zu fertigen.

Bei diesen Spaziergängen von Alt und Jung bietet es sich natürlich an, nicht nur das rein Machbare im Blick zu haben, sondern darüber hinaus durch Gespräche und Erzählungen auf Themen einzugehen, die jungen Menschen möglichenfalls fremd sind.

So könnte bei der Arbeit mit Strohhalmen auf eigene weit zurückliegende Erfahrungen mit Mühlen und Windmühlen verwiesen werden. Alte Geschichten vom Müller und von der Müllerin, aber auch Lieder, die noch bekannt sind, sollten mit dabeisein. Auf die große Zeit der Windmühlen, die dann durch Dampfmühlen (also Mühlen, bei denen der Antrieb durch Dampfkraft geschah) abgelöst wurden, und auf die später eingesetzten Elektromotoren könnte hingewiesen werden. Eigene Erfahrungen, die sich in ländlicher Umgebung zugetragen haben, sollten mit eingeflochten werden. Es wird dabei das merkwürdige Phänomen zutage treten, daß viele als Alltäglichkeiten von älteren Mitbürgern empfundene Geschehnisse heute schon den Charakter des Märchenhaften angenommen haben, weil sich so starke Veränderungen vollzogen haben, daß die Übergänge von der einen zur anderen Art oft etwas unwirklich wirken.

Ein Strohhalm ist an sich ein Wunderwerk, denn es ist noch keinem Menschen gelungen, Höhe und Tragfähigkeit in der Weise nachzubilden, wie es die Natur millionenfach vormacht. Der Strohhalm verjüngt sich nach oben und hat jeweils in bestimmten Abständen einen Knoten, aus dem zum einen das Blatt erwächst, der zum anderen aber diesem Strohhalm besonderen Halt gibt.

Das System, das uns ein Basteln mit Strohhalmen ermöglicht, erfordert keinerlei Werkzeuge. Es genügt, wenn wir den Strohhalm über den Finger-

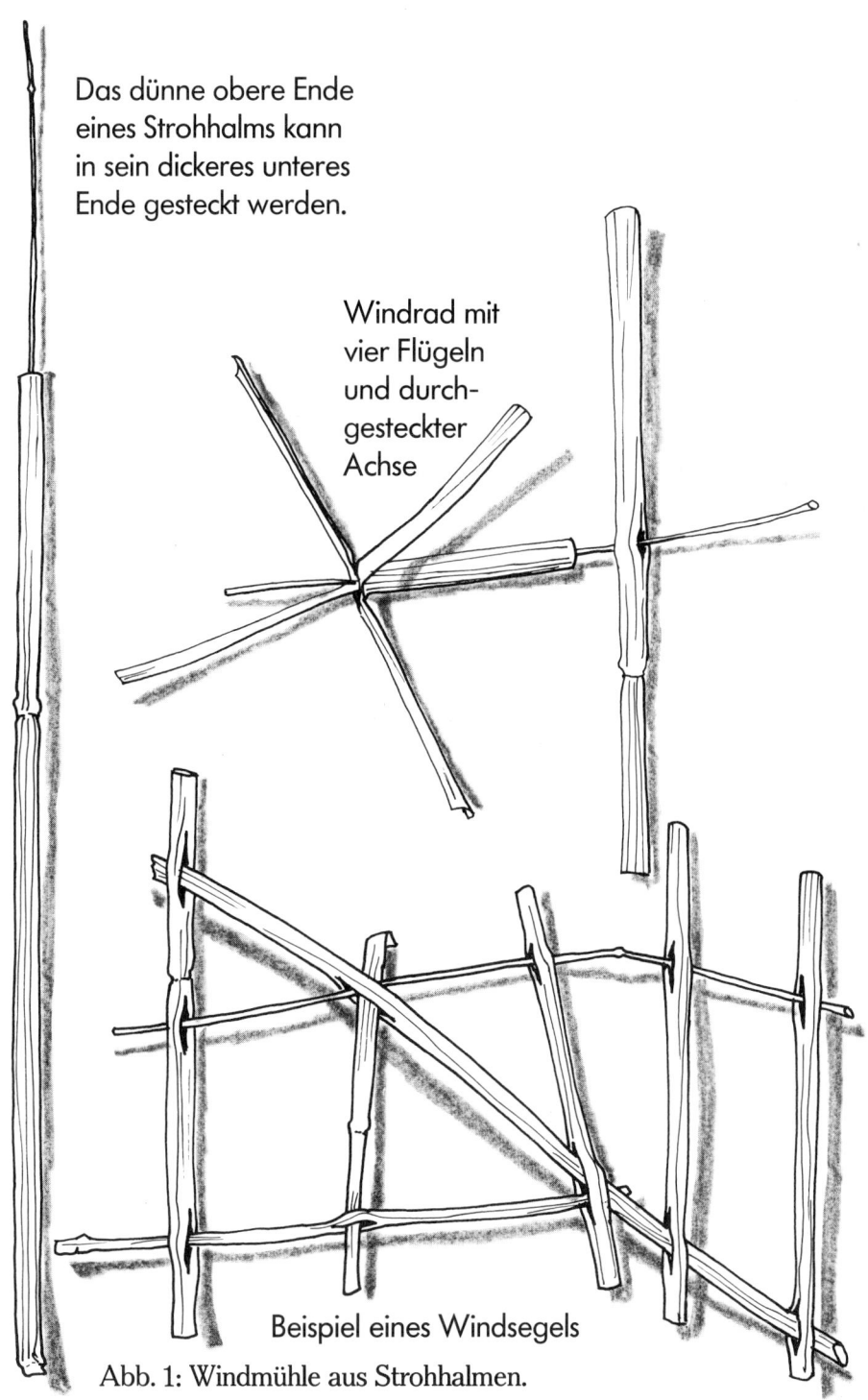

Abb. 1: Windmühle aus Strohhalmen.

nagel abknicken und dann auseinanderziehen. Für uns ist es wichtig, das dicke untere Ende des Halmes zu haben, in das dann das dünne obere Ende eingesteckt werden kann. Es bewegt sich nun nach allen Seiten drehbar in diesem Halm.

Und ein Zweites ist uns mit dem Strohhalm möglich: Dadurch, daß wir den dicken Halm mit dem Fingernagel einritzen und so einen Spalt erzeugen, haben wir die Möglichkeit, dünnere Halmteile im rechten Winkel durch diesen dicken Halm hindurchzuführen. So lassen sich zum Beispiel kleinere Leitern für Hochsitze und ähnliche Dinge herstellen, die sowohl uns als auch Kindern sehr viel Freude machen können.

Was hier näher beschrieben werden soll, ist eine Windmühle, die sich tatsächlich im Winde lustig dreht (*Abb. 1*). Dazu benötigen wir ein kurzes Ende des dicken Halms. Dieses Ende sollte keinen Knoten enthalten, also durchgehend hohl sein.

Wir halten dieses Ende und spalten eine Hälfte in vier gleich große Teile, die wir im rechten Winkel wegknicken. Diese vier gleich großen Teile sind die Flügel unserer zu erstellenden Windmühle. Wenn wir nun diesen dicken Halm auf das dünne obere Ende eines Halmes führen, besteht schon die Möglichkeit, daß sich diese vier Flügel drehen.

Wir führen diesen dünnen Halm nun in den Ritz eines anderen dicken Halmes und können die Mühle schon gegen den Wind halten. Durch leichtes gleichmäßiges Verdrehen der vier Mühlenflügel erreichen wir, daß auch schon ein leichter Wind unsere Mühle bewegen wird.

Wir haben es nun so gehalten, daß wir dieses Mühlenteil mit einem Windsegel versehen haben. Dieses Windsegel hat die Funktion, immer vom Wind so getrieben zu werden, daß die Mühle mit ihren Flügeln genau vor dem Wind steht. Der Tragebalken, der senkrecht steht, wird nun mit einem dünnen Halm wiederum an einen dicken Halm gesteckt, so daß er sich um die eigene Achse in der jeweiligen Windrichtung drehen läßt.

Wir haben diese Mühlen an unterschiedlichen Stellen aufgestellt. Oft genügt ein Weidepfahl, der von oben her einige Spalten aufweist, in die man dann den Tragehalm einschieben kann.

Diese Mühlen sind oft tagelang gelaufen, bis sie dann von irgendwelchen Kindern aus Freude am Spiel mitgenommen worden sind.

Eine Wassermühle aus Ästen

Kleine Bäche üben immer einen ganz besonderen Reiz aus. Sie können dann ganz besonders schön werden, wenn wir sie mit zusätzlichen kleinen technischen Einrichtungen versehen. Solch eine Einrichtung kann aus einer ganz einfachen Wassermühle bestehen (*Abb. 2*).

Hierzu benötigen wir lediglich zwei Astgabeln, bei denen wir den Teil des unteren Stieles leicht anspitzen. Weiterhin benötigen wir einen Ast, der als Achse der Mühle dienen soll und den wir in der Mitte aufschlitzen, und zwar mehrfach, daß heißt: einmal von oben nach unten und einmal von einer Seite zur anderen Seite. In diese eingeschlitzten Spalten stecken wir nun flache Holzstäbchen, das sind Äste, die wir mit dem Taschenmesser flach geschnitten haben. Diese Holzstäbchen sind so an einem Ende in die Achse einzuführen, daß ein Kreuz, also das eigentliche Wasserrad, entsteht.

Wenn wir nun die beiden Astgabeln als Halterung in den Grund des Baches stecken, haben wir die Möglichkeit, die Gabel als Lager für unsere Achse zu benutzen. Wir sollten bei der Höhe darauf achten, daß die Flügel, die in der Achse stecken, so im Wasser stehen, daß das fließende Wasser diese Achse antreibt.

Eine zusätzliche Attraktion läßt sich dadurch erzielen, daß man an diese Achse einen Faden anbindet. Es kann dünnes Garn sein, das durch die Drehung der Achse aufgerollt wird. Auf diese Weise läßt sich bewirken, daß kleine Schiffchen oder kleine Flöße von diesem Faden gegen den Strom gezogen werden.

Wenn sie am Flügelrad, also an unserer Wassermühle angekommen sind, brauchen wir die Mühle nur umzudrehen, so daß der Faden jetzt in entgegengesetzter Richtung wiederum freigelassen wird. Das ist ein hübsches Spiel, bei dem Schiffchen bachauf- und bachabwärts gezogen werden können.

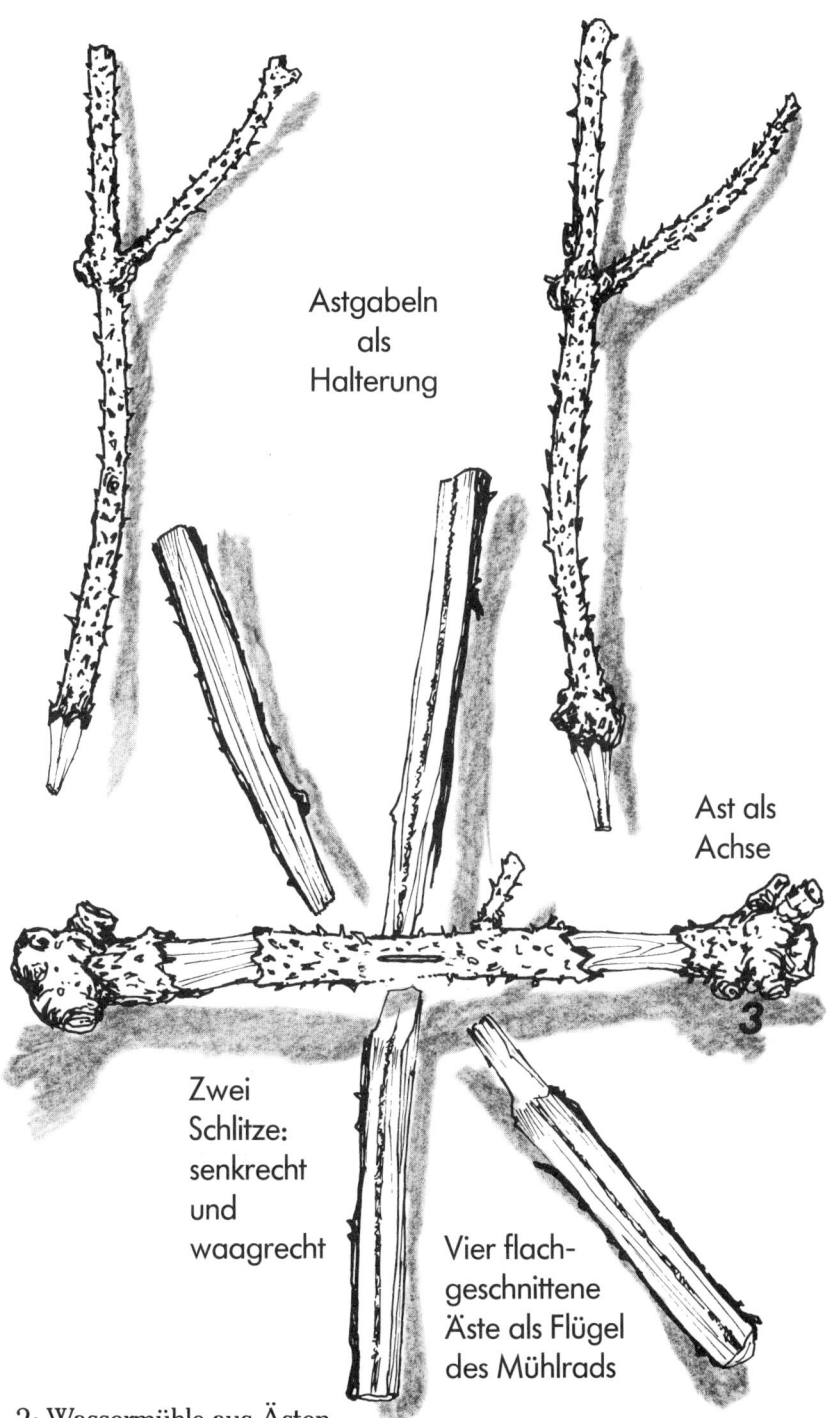

Abb. 2: Wassermühle aus Ästen.

II
Etwas für schlimme Ferientage

Verregnete Ferientage sind ein Schrecken für alt und jung. Sie sind besonders dann gewichtig, wenn man sie an seinem Urlaubs- oder Ferienort erleben muß. Das muß nicht unbedingt in Deutschland sein, wo das Wetter in der Regel nicht sonderlich beständig ist, auch in anderen Ländern regnet es gelegentlich.

Wenn man dann nach der 30. Runde das mitgebrachte „Mensch, ärgere dich nicht!"-Spiel gespielt hat, fängt auch das an, trostlos und trist zu werden. Wir haben uns für diesen Fall eine Spielerei ausgedacht, die sowohl Alten als auch Jungen Freude bereiten kann. Wir holen uns zu diesem Zweck einfach ein Stückchen von der Natur mit in unser Zimmer.

Das geschieht in folgender Weise. Notwendig dazu ist, daß wir einige große Zeitungen haben, um den Tisch, also unsere Arbeitsfläche, so abzudecken, daß wir dem Vermieter keinerlei zusätzlichen Schmutz zumuten müssen. Auf diese Zeitung stellen wir den Deckel eines Pralinenschächtelchens oder einen anderen Deckel aus Pappe, den wir jetzt in eine Miniaturlandschaft verwandeln wollen (*Abb. 3*).

Wir haben vorher, mit einer Plastiktüte versehen, bei unseren Spaziergängen Ausschau gehalten nach kleinen Dingen, die auch im Walde mitgenommen werden dürfen. Es ist uns bisher noch kein Förster begegnet, der sich dagegen aufgelehnt hätte, wenn einige Zweige Moos oder andere winzige Zweige, wenn Rindenstückchen und Steinchen mitgenommen worden sind. Es soll allerdings hier darauf hingewiesen werden, daß grundsätzlich jede Entnahme aus dem Walde nach dem Gesetz als Diebstahl anzusehen ist. Deshalb ist es hier schon wichtig, nicht wie plündernde Großstädter durch Wälder und Felder zu ziehen.

Die Rindenstückchen, Steine, Moosstückchen und kleinen Äste werden nun zu einer malerischen Landschaft in unserem Kartondeckel angeordnet. Auch dabei ist es sinnvoll, wenn der Deckel zunächst mit Plastikfolie ausgelegt wird; eine Plastikfolie erhalten wir dadurch, daß wir einfach eine Tragetasche aufschneiden und die überstehenden Ränder dann entweder nach innen einschlagen oder, falls eine Schere vorhanden ist, mit dieser die Ränder abschneiden. Das bewirkt, daß feuchte Gegenstände nicht

Abb. 3: Miniaturlandschaft in Schächtelchen.

gleich den Deckel aufweichen und möglichenfalls auf Tischen oder Fensterbänken feuchte Flecken hinterlassen.

In diese Landschaft können nun aus geflochtenen trockenen Gräsern Zäune eingebracht werden. Es lassen sich aus Gräsern und Strohhalmen Hochsitze fertigen, so wie das mit dem System der Windmühle aus Strohhalmen (*Abschnitt I, Seite 14*) schon beschrieben worden ist. Es lassen sich mit einer Handvoll Sand kleine Wege in diese Landschaft bringen. Aus mitgebrachten Steinen und Steinchen können Felsen erstellt werden. Wir haben so ein Stück Natur in unser Zimmer geholt und praktisch dem schlechten Wetter damit ein Schnippchen geschlagen.

Natürlich ist es schön, wenn diese Landschaft auch von Tieren oder anderen Wesen bewohnt wird (*Abb. 4*). Wir haben aus mitgebrachten Kiefernzapfen kleine Männchen geformt, und zwar in der Weise, daß das obere Ende des Zapfens, das also am Ast angewachsen war, mit dem Taschenmesser flach geschnitten worden ist, damit der Zapfen jetzt nach oben ragend stehen kann. Auf die Spitze des Zapfens stülpten wir eine aufgebohrte Eichel. Das Bohren kann mit dem Taschenmesser oder mit der Spitze einer Schere geschehen. Wir können auf diese Eichel nun mit einem Stift ein Gesicht aufmalen. Falls vorhanden, kann ein Bärtchen aus Watte unten angeklebt werden, und die Kopfbedeckung dieses Waldmännchens kann einmal aus dem Hütchen der Eichel selbst bestehen, man kann aber auch aus einem spitzen Stückchen Papier ein lustiges Zipfelmützchen anbringen. Wenn einige dieser Waldgnomen gefertigt sind, kann man sich für unseren Deckel sehr hübsche Spiele ausdenken.

Aber auch Tiere kann unser Wald im Zimmer aufnehmen. Dazu sind ebenfalls Eicheln erforderlich, in die aus Streichhölzern oder Ästchen Beine eingebracht werden. Aus kleineren Eicheln oder den Zapfen von Erlen lassen sich sehr hübsche Köpfchen machen. Kleine Hirsche entstehen dadurch, daß wir an das Köpfchen kleine Äste ankleben, die das Geweih darstellen.

Wenn man erst begonnen hat, auf diese Weise Männchen und Tiere herzustellen – es sei hier daran erinnert, daß sich selbstverständlich auch kleine Frauchen machen lassen, nur würden wir da auf den Bart verzichten und statt der Zipfelmütze ein Kopftuch anbringen –, wenn man also erst einmal damit begonnen hat, diese Wesen zu fertigen, wird man von selbst auf weitere Ideen kommen, denn es ist nie sicher, ob jeder Wald Eicheln hat

Abb. 4: Männchen und Tiere aus Kiefernzäpfchen und Eicheln.

oder Kiefernzapfen. All diese Dinge müssen den jeweiligen Gegebenheiten angepaßt werden.

Für Feriengäste, die an der Küste eine Schlechtwetterperiode erleben, läßt sich das gleiche Modell wiederholen, nur muß man dort mit ganz anderen Mitteln arbeiten. Es ist klar, daß man bei Strandspaziergängen nicht unbedingt auf Eicheln oder Kiefernzapfen stoßen wird, statt dessen sind es dort kleine Muscheln, die gesammelt werden können. Es ist vielerlei, was an Strandgut angeschwemmt wird. Da sind kleine Ästchen, die aus den Buhnen ausgebrochen sind, da sind gelegentlich auch Moosstückchen zu finden, dann haben wir die Vielfalt von bunten Steinchen und eben auch den Sand.

Auch aus diesen Dingen lassen sich kleine Spiellandschaften formen. Wir haben hier noch eine besondere Variante vorzustellen, und zwar, wie man aus kleinen Muscheln lustige Vögelchen fertigen kann. Wenn es sich ergibt, daß bei unserem Strandgang im Regen noch Federchen gefunden werden konnten, dann lassen sich diese von uns hergestellten Vögel noch in besonderer Weise gestalten.

Wir haben zu diesem Zweck eine kleine Muschel genommen, die mit der Wölbung nach oben gerichtet ist. In den hohlen Teil der Muschel haben wir zwei Streichhölzer eingeklebt, die leicht nach unten weggeknickt werden. In ähnlicher Weise haben wir vorn an der Muschel, also an der Stelle, wo sie mit der anderen Hälfte zusammengewachsen war, ebenfalls ein Streichhölzchen eingeklebt, das wir vorher etwas feucht gemacht und zwischen Daumennagel und Zeigefinger eingeknickt haben, so daß eine Rundung entstanden ist. Dieses Streichholz bildet nun den Hals und das Köpfchen unseres Vogels. Wenn wir den vorderen Teil etwas anspitzen, entsteht dadurch ein kleiner Schnabel, und wir brauchen nur noch Augen aufzubringen, um schon einen munteren Vogel zu haben, der im Sand unseres kleinen Spielgartens sehr gut stehen kann. Wenn Federchen vorhanden sind, läßt es sich so einrichten, daß eines dieser Federchen auf den Kopf geklebt wird und aus anderen Federchen ein Schwanz oder auch seitwärts angeklebte Flügel entstehen. Mit diesen munteren Vögeln läßt es sich sehr gut in unserem Miniaturstrand spielen.

Natürlich können für beide dargestellten Landschaftsformen auch Menschen und Tiere aus Pfeifenreinigern gefertigt werden, zumal diese Pfeifenreiniger ja in jedem Tabakgeschäft erhältlich sind. *Abb. 5* zeigt einen Vogel

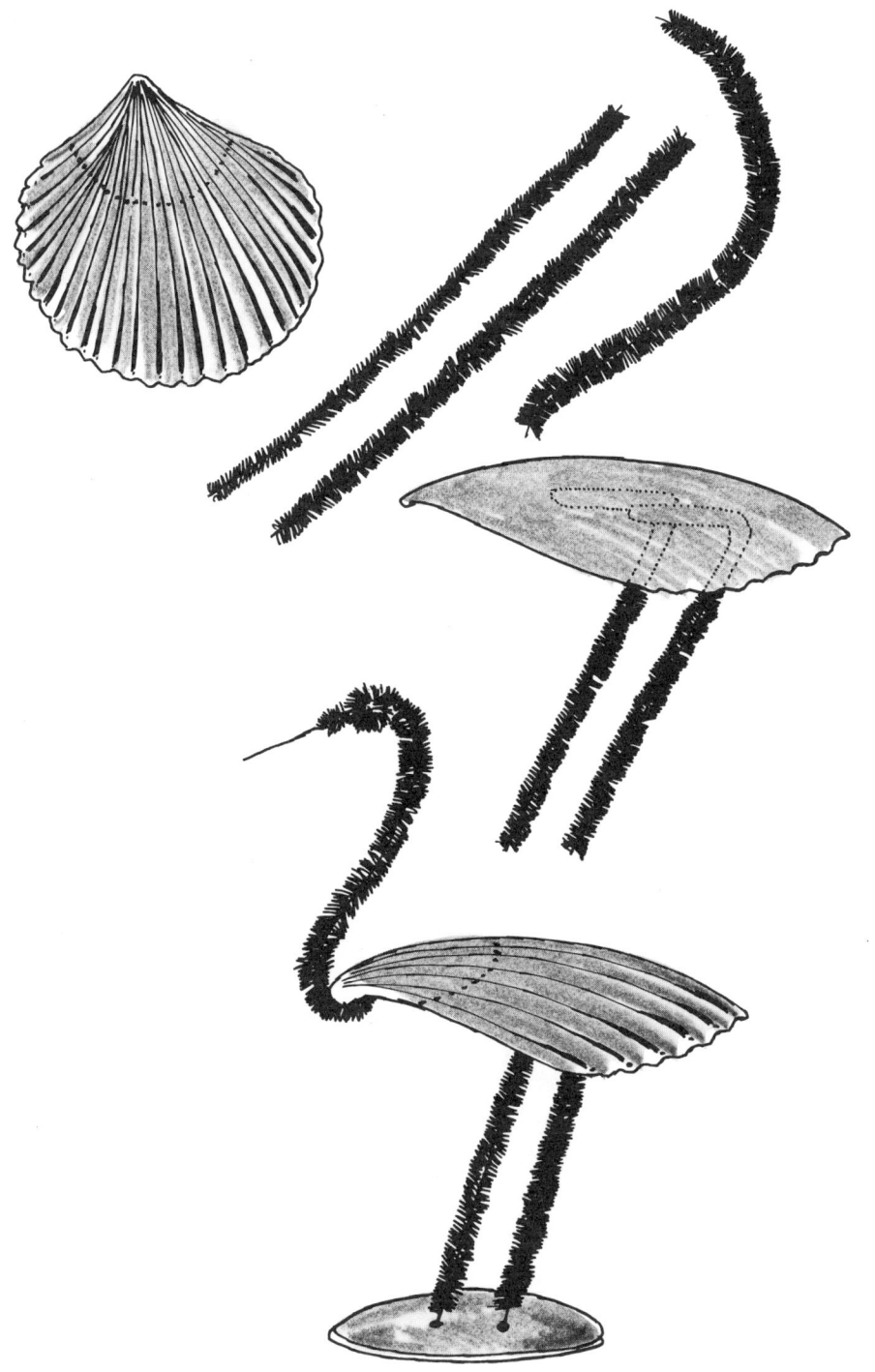

Abb. 5: Drei Dinge braucht der Bastler hier: eine Muschel, Pfeifenreiniger und einen Knopf.

als Beispiel. (Die Herstellung weiterer Figuren wird im *Abschnitt VI, Seite 78,* beschrieben.) Man muß sich lediglich auf die Größe der vorliegenden Spiellandschaft einstellen und kann dann damit beginnen, diese Dinge im einzelnen zu beleben.

Eine zusätzliche Möglichkeit bietet sich, wenn wir eine Vielzahl von Pfeifenreinigern besorgen und eine Reihe von Tieren basteln. Wir benötigen dann lediglich einen Karton – er sollte ungefähr die Größe eines Schuhkartons haben –, den wir dann umfunktionieren in eine Arche Noah. Zum einen paßt das zum Wetter, zum anderen bereitet es sehr viel Spaß. In diese Arche Noah schneiden wir seitwärts mit dem Taschenmesser eine Klappe, und zwar in der Form, daß diese Klappe sich als Brücke nach unten hin öffnen läßt. Den Deckel des Schuhkartons behalten wir oben, damit wir jeweils nachsehen können, welche Ordnung oder Unordnung in unserer Arche herrscht. Hier können wir nun aus Gittern, die wir aus Gräsern gefertigt haben oder aus Strohhalmen anfertigen, einzelne Abteilungen bilden, in denen jeweils die Tierpaare untergebracht werden, die in der Arche Schutz gefunden haben. So läßt sich eine Reihe von Spielmöglichkeiten erfinden, die ohne großen Aufwand durchzuführen sind.

Es ist selbstverständlich, daß die hier angezeigten Landschaften und auch die Arche Noah nicht unbedingt erst an einem verregneten Ferientag gefertigt werden sollten. Man kann sie zu jeder Jahreszeit in seinem Haus mit in den Spielplan einbeziehen, der die Fantasie anregt und dann noch einen weiteren Vorteil hat. Durch die Tatsache, daß man sich um kleinste gewachsene Teilchen bemüht, erziehen wir uns selbst dazu, an all diesen Dingen nicht achtlos vorüberzugehen. Das Aussuchen von einzelnen Mooshälmchen zeigt uns die Vielfalt von Moosen, die wir sonst nur als geschlossenes Polster wahrzunehmen gewohnt sind. Ähnlich verhält es sich mit den Ästchen, etwa solchen vom Heidekraut, bei denen nun dank der näheren Betrachtung, weil wir sie als Bäumchen umfunktionieren wollen, die gesamte Schönheit der gewachsenen Krautstruktur vor unser Auge tritt. Auch das Einsammeln von kleinen Steinchen und Muscheln hat einen ähnlichen Effekt, so daß mit dem hier aufgezeigten Angebot gleich mehrerlei bewirkt wird.

III
Tierische Waschläppchen

Wir haben hier aus dem Bereich der Verarbeitung von Stoffen eine hübsche Spielerei vorzustellen, die sehr viel Freude machen wird. Es handelt sich um Waschläppchen, die die Form von kleinen Häschen, Teddybären oder auch Hunden und Kätzchen haben können. In unserem Falle haben wir uns für Häschen entschieden (*Abb. 6*).

An Material benötigen wir Frotteestoff, der nicht unbedingt gekauft werden muß; gelegentlich finden sich Handtücher, die in der Mitte schon fadenscheinig geworden sind und deren Enden gut für solche Bastelarbeiten verwendet werden können. Auf dem beigefügten **Schnittmusterbogen** finden Sie die Form, die mit einem **A** bezeichnet ist, und diese Form müßte zweimal vorhanden sein.

Dann brauchen wir einmal die Form, die mit einem **B** bezeichnet ist, und dann benötigen wir für die Öhrchen zweimal den Teil, der mit einem **C** bezeichnet ist. Wenn es sich um einen Hasen handeln soll, können Sie die Öhrchen in ganzer Länge nehmen. Bei Hunden oder anderen Tieren nimmt man nur das obere Ende.

Die beiden Teile **A** werden nun so zusammengenäht, wie es mit der Zickzacklinie beschrieben ist. So entsteht ein vorn und hinten geöffneter Schlauch.

Die beiden runden Seiten sollen später das Schnäuzchen des betreffenden Tieres darstellen, und sie müssen nun nach innen ebenfalls vernäht werden, damit das Schnäuzchen geöffnet werden kann.

Der Teil **B** bildet die Innenseite des Schnäuzchens. Er wird in der Mitte gefaltet, und die Falte sollte genau bis an die Nahtstellen des Teiles **A** reichen. Dann wird, wie auf unserer Zeichnung angegeben, sowohl der obere als auch der untere Teil jeweils mit dem Teil **B** verbunden. Sie können das sehr gut an der unterschiedlichen Markierung der Nähte erkennen. Jetzt läßt sich das Schnäuzchen, wenn wir mit der Hand hineinfahren, schon nach oben und unten aufklappen. Um die Nähte verschwinden zu lassen, wird das Ganze nun nach innen gestülpt, und dann bleibt uns nur noch übrig, die Dekoration anzubringen.

Wir beginnen bei der Dekoration mit dem Umranden der Öhrchen,

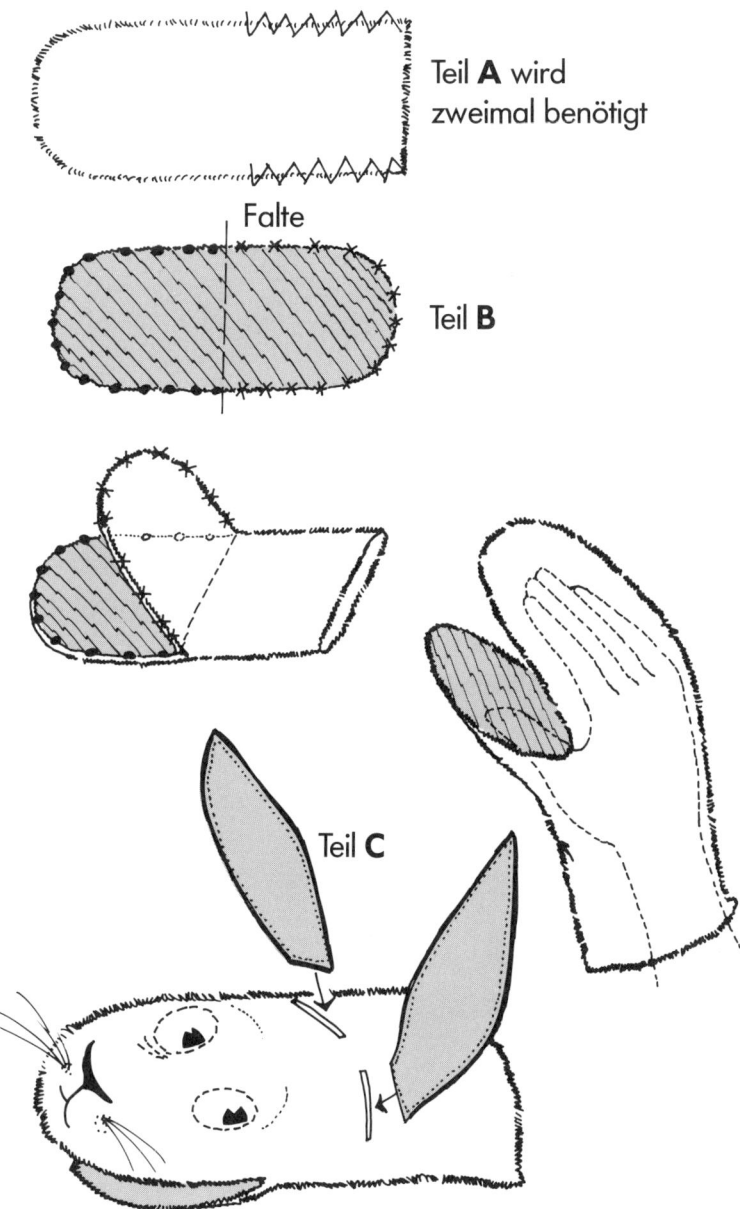

Abb. 6: Das Lieblingstier als Waschläppchen.
(Dem Buch ist ein **Schnittmusterbogen** beigefügt. Darauf sind die Formen A, B und C in wirklicher Größe – für die Hand eines Kindes – zum Durchpausen abgebildet.)

damit der Stoff später nicht ausfranst. Dazu werden ungefähr in der Mitte der Figur zwei kleine Schlitze mit der Schere eingeschnitten und die Öhrchen hineingesteckt und vernäht.

Was jetzt übrigbleibt, sind lediglich Stickarbeiten, die mit einem kochfesten Baumwollgarn ausgeführt werden sollten. An die Nase unseres Häschens sticken wir Schnurrhaare und ungefähr in der Höhe, in der das Schnäuzchen aufzuklappen ist, werden an der Oberseite kleine Augen eingestickt.

Versuche, diese Augen mit Knöpfen darzustellen, haben sich als unzweckmäßig erwiesen, weil das Ganze ja ein Gebrauchsgegenstand sein soll, der beim Waschen Verwendung finden kann. So ist es sinnvoll, mit zweierlei Farbe die Augen unseres Häschens oder des betreffenden Tieres einzusticken.

Nach unseren Erfahrungen handelt es sich hier um einen Gegenstand, der das abendliche Waschen unserer kleinen Freunde mit sehr viel Freude und Heiterkeit erfüllen kann.

Osterhäschen, einmal anders

Als hübsches Ostergeschenk eignen sich auch kleine Häschen, die aus einem einfachen üblichen Waschhandschuh gefertigt werden können (*Abb. 7*).

Zunächst werden die beiden Zipfel des Handschuhs mit einem farbigen Bändchen abgebunden, so daß zwei spitze Öhrchen entstehen. Unter diese Spitze wird nun in den Handschuh ein Ei gegeben, das kann ein Marzipanei, ein Schokoladenei, aber auch ein richtiges Hühnerei sein. Dann wird dieses Ei wiederum abgebunden. So ist ein Köpfchen entstanden, dem man nun nur noch mit einigen Stichen Wolle Augen und ein Näschen zur Verzierung anbringen muß.

Wenn man den Handschuh nach unten auseinanderstülpt, entsteht so ein kleines sitzendes Häschen, wie wir es auf dem Foto abgebildet haben.

Auch diese Art, Geschenke anzubieten, soll nur eine Anregung sein, die sich gewiß in vielfältiger Weise variieren läßt, ähnlich wie die selbstbemalten Ostereier auf unserem Foto.

Abb. 7: Ein Waschhandschuh wird zum Osterhasen.

Weihnachtskugeln für ein ganzes Jahr

Hier sei nun noch eine Arbeit vorgestellt, die nicht unbedingt in den Spielbereich gehört und die doch viel Freude bereiten kann. Es geht darum, in kleinen vorgefertigten Glaskugeln, die aus Plexiglas oder Plastik bestehen und die im Fachhandel zu erwerben sind, kleine bunte Welten zu schaffen, die den jeweiligen Jahreszeiten entsprechen. Ins Fenster gehängt, in Osterstäuße oder gar in Weihnachtsbäumen bieten sie einen hübschen Schmuck (*Abb. 8*).

Kugeln, auf die von außen Blumen aufgebracht werden, sind längst bekannt. Wenn man aber diese Kugel von innen dekorieren will, dann steht nur eine winzige Standfläche zur Verfügung, die wir durch den flachen Abschnitt eines Flaschenkorkens gewinnen. Mit wenigen Ästchen von getrocknetem Moos oder anderen gewachsenen Zweigen, zum Beispiel auch Heidekraut, lassen sich hier hübsche Bäumchen und Sträucher fertigen.

Wenn wir zu diesen Naturprodukten kleine Hähnchen oder auch Häschen aus Pfeifenreinigern basteln, diese zunächst auf die Korkplatte aufkleben und das Ganze dann in einer Hälfte der Kugel befestigen, um die andere Hälfte dann davorzupressen, entsteht ein sehr hübscher Schmuck.

Zusätzlich lassen sich aus den winzigen Zapfen von Erlen sehr hübsche kleine Männchen und Frauchen basteln, und zwar derart, daß man auf die Spitze solch eines Erlenzapfens, der ja nur wenige Millimeter groß ist, eine kleine Perle aufklebt, die dann – mit Augen, mit einem kleinen Mund, der mit einem Filzstift aufgetragen wird, versehen – ein kleines Figürchen abgibt. Den kleinen Männchen kann man mit einem winzigen Rest von Watte einen Bart ankleben, aus einem Papierchen läßt sich leicht ein Zipfelmützchen formen.

Kleine Frauen werden dadurch kenntlich gemacht, daß man auf das Köpfchen, also eben auf diese Perle, aus einem Papierzipfelchen ein buntes Kopftuch aufbringt. Auch diese Zapfenmännchen und -frauchen passen sehr gut in unsere durchsichtigen Kugeln. Sie bilden eine kleine Welt aus Produkten, die wir ohne großen Aufwand zu Figuren umgestaltet haben.

In diese durchsichtigen Glaskugeln müssen nicht unbedingt die angegebenen Dinge eingebracht werden; es besteht auch die Möglichkeit, kleine Blumen aus unterschiedlichem Material zu fertigen. Auch hier wird so ver-

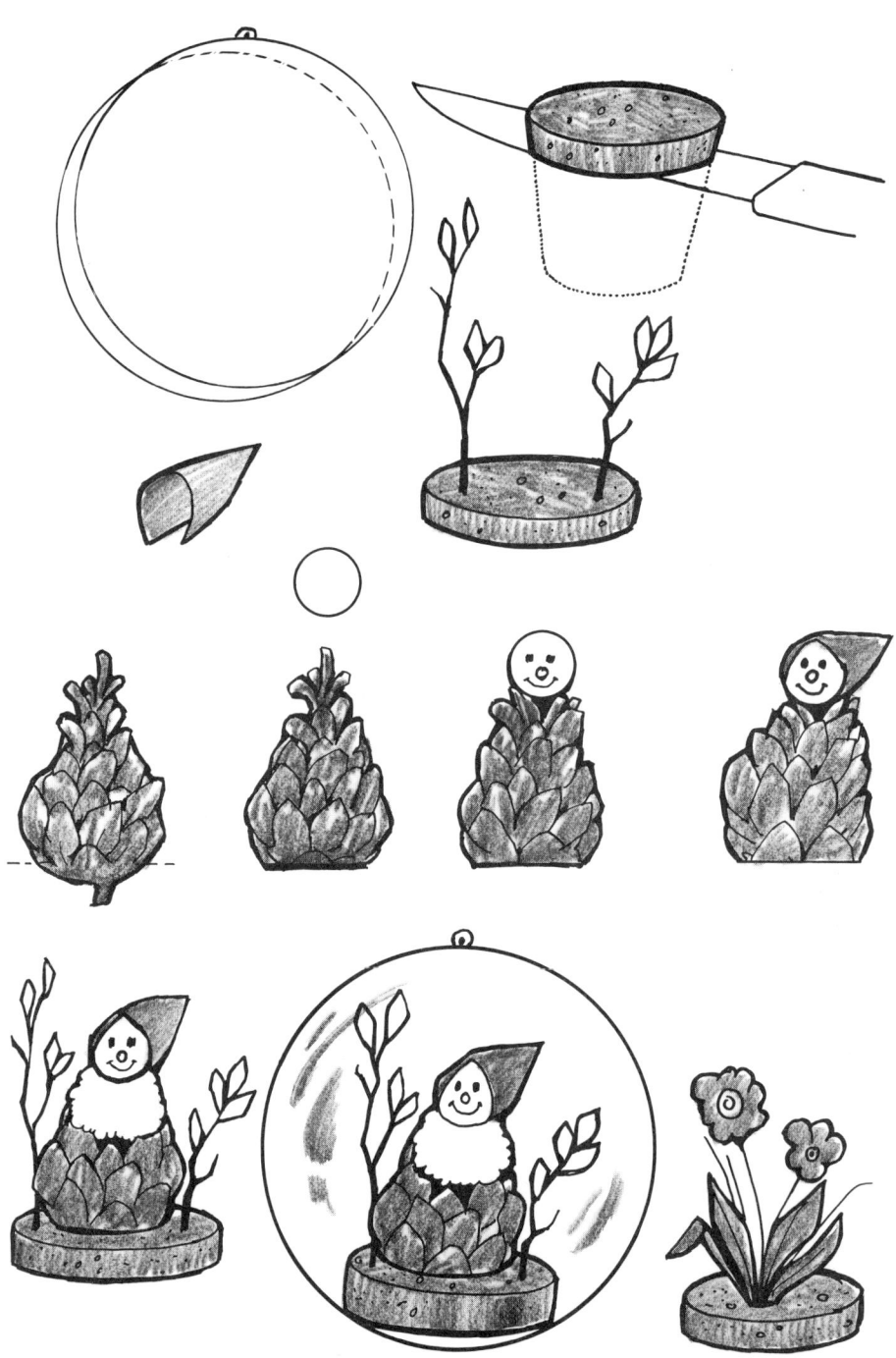

Abb. 8: Kleine Welten in durchsichtigen Kugeln aus Plastik.

fahren, daß eine 1 bis 2 mm dicke Korkplatte, die wir von jedem Flaschenkorken abschneiden können, die tragende Fläche ist, die am Grund der Kugel eingeklebt wird, nachdem sie vorher von uns mit Sorgfalt dekoriert worden ist. Hier lassen sich Winterlandschaften aus einigen kleinen getrockneten Mooshälmchen, die wir mit weißer Deckfarbe gefärbt haben, einbringen. Hier lassen sich aber auch unterschiedliche Blumen fertigen, die wir aus farbigem Papier oder aus Ausschnitten von verschiedenen Druckerzeugnissen bekommen haben.

Hier sei der Hinweis gestattet, daß die Aufgabe älterer Menschen, mit ihren Erfahrungen und Kenntnissen auf Kinder und Enkel einzuwirken, durch nichts anderes zu ersetzen ist. Das Schlagwort „Großmütter schickt der liebe Gott" ist mit Sicherheit nicht aus der Luft gegriffen worden, und so sollten hier die Erfahrungen mit Bastel- und Werktechniken auch dazu dienen, in die jungen Familien hineinzuwirken. Das könnte in der Art geschehen, daß für Elterngeburtstage eigene Bastelarbeiten mit Kindern angefertigt werden, um den Kindern so zu zeigen, daß sich die Eltern über ein Werkstück, bei dem viele liebe Gedanken mit verarbeitet worden sind, mit Sicherheit mehr freuen als über ein beliebiges gekauftes Geschenk. Das gleiche gilt natürlich in noch stärkerem Maße für die Vorbereitung des Weihnachtsfestes, auch hier können Anregungen und ein liebevolles Miteinander sehr viel Gutes bewirken.

Auch wenn es gelegentliche Mißerfolge mit einer Generation geben sollte, die in vielem wesentlich anders ist, als es damals war, sollte Geduld die Brücke schlagen, um auch diesen Kindern Einblick in eine Welt zu verschaffen, die ihnen sonst verschlossen bleibt.

Ostereier zum Durchsehen

In der gleichen Art wie die durchsichtigen Glaskugeln sind auch durchsichtige Ostereier im Bastelhandel erhältlich. Auch diese durchsichtigen Ostereier bestehen aus zwei Hälften, die geradezu dazu verleiten, von innen mit hübschen Figürchen versehen zu werden. Hier sei auf die Herstellung von Tieren aus Pfeifenreinigern im *Abschnitt VI* verwiesen. Es muß allerdings darauf geachtet werden, daß die Tiere nicht größer werden, als

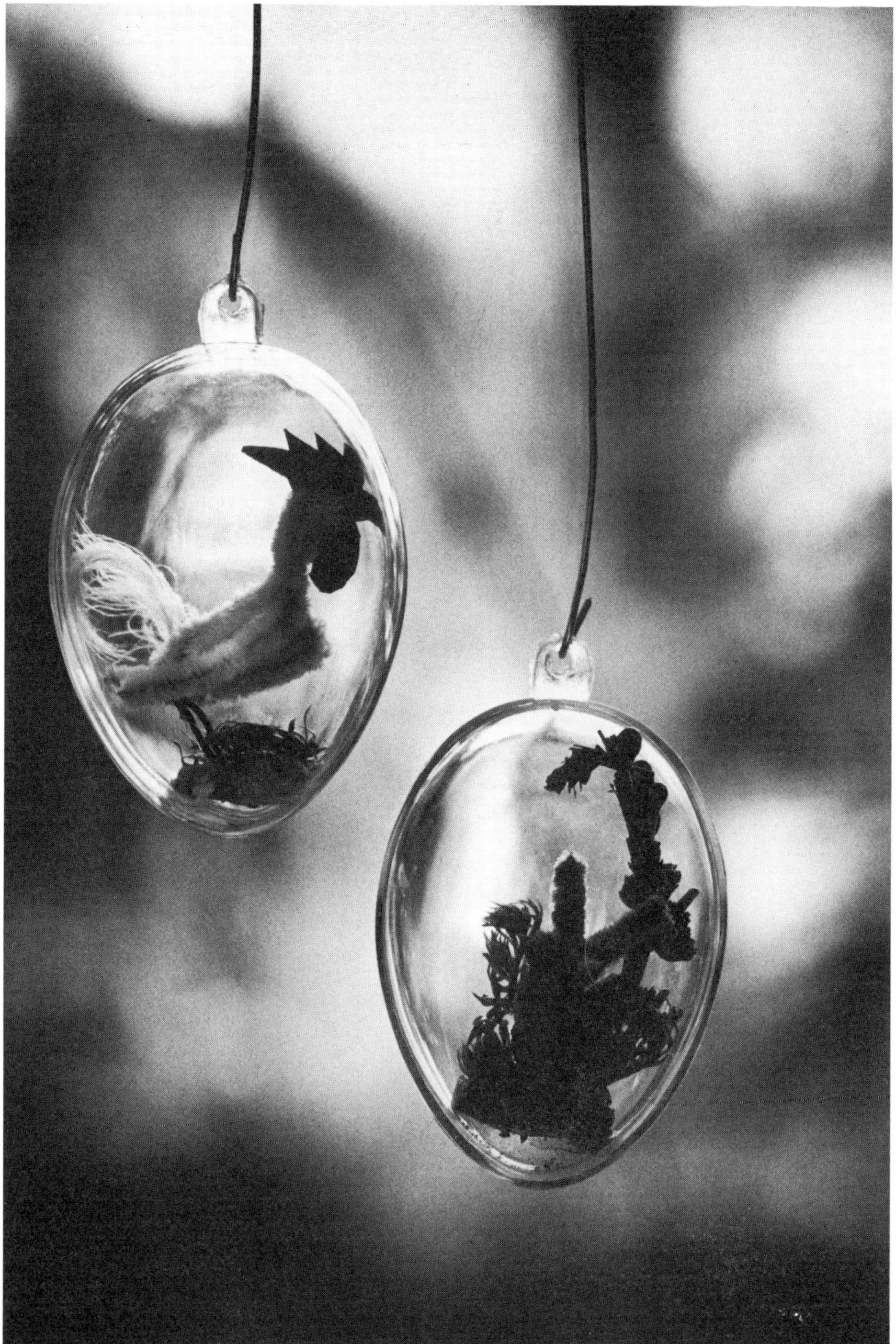

die Eier selbst sind. Man ist also schon gehalten, in sehr kleinen Maßen zu arbeiten.

Als Tiere eignen sich, dem Osterfest zugeglichen, natürlich der Osterhase, aber auch Hahn und Henne. Die Herstellung eines kleinen Hahnes wird unter anderem im Abschnitt über den Zoo näher beschrieben (vgl. *Seite 78*). Nur sollte hier die Standfläche nicht ein Mantelknopf, sondern auch ein flacher Korkabschnitt sein. Bei der farblichen Gestaltung bestehen natürlich keinerlei Grenzen.

Für den Osterhasen reicht ein Pfeifenreiniger voll aus. Man beginnt auch hier mit der Arbeit bei den Öhrchen, wie es bei den Zootierchen, aus Draht gefertigt und mit Tesaband umwickelt, beschrieben wird (vgl. *Seite 82*). Bei den Pfeifenreinigern brauchen allerdings die Enden nicht eingeknickt zu werden, weil hier keine Verletzungsgefahr vorliegt. Das gilt besonders für die Häschen, die ja in ihrem Ei nicht berührt werden können. Alle übrigen Arbeitsgänge können der Beschreibung der Zootiere entnommen werden.

Zusätzlich lassen sich aus farbig bedrucktem Einpackpapier Blümchen ausschneiden, die wir dann auf einen kleinen Draht geklebt haben. Hier lassen sich mit solchen Blümchen zusätzlich hübsche Effekte erzielen.

Wandbilder aus geschnittenem Stoff

Es gibt wohl in jedem Haushalt eine Vielzahl von Stoffresten, die irgendwann einmal übriggeblieben sind. Aus diesen Stoffresten und auch aus Woll- und Garnresten lassen sich wunderschöne Figuren anfertigen, die einfach auf einen einfarbigen größeren Stoff aufgeklebt werden und die dann als Wandbilder lustige Verwendung finden können. Es lassen sich darüber hinaus am unteren Rand dieser Wandbilder kleine Taschen anbringen, in denen kleinere Gegenstände einen ordentlichen Aufbewahrungsort finden können.

Die gesamte Arbeit ist verhältnismäßig einfach. Wir haben Ihnen einige Standardtypen (*Abb. 9 und 10* zeigen sie verkleinert) auf dem **Schnittmusterbogen** beigefügt, nach denen Sie verfahren können. Sie pausen einfach mit normalem Kohlepapier diesen Schnittmusterbogen durch auf ein anderes beliebiges Blatt Papier, schneiden dann dieses Blatt aus, heften es

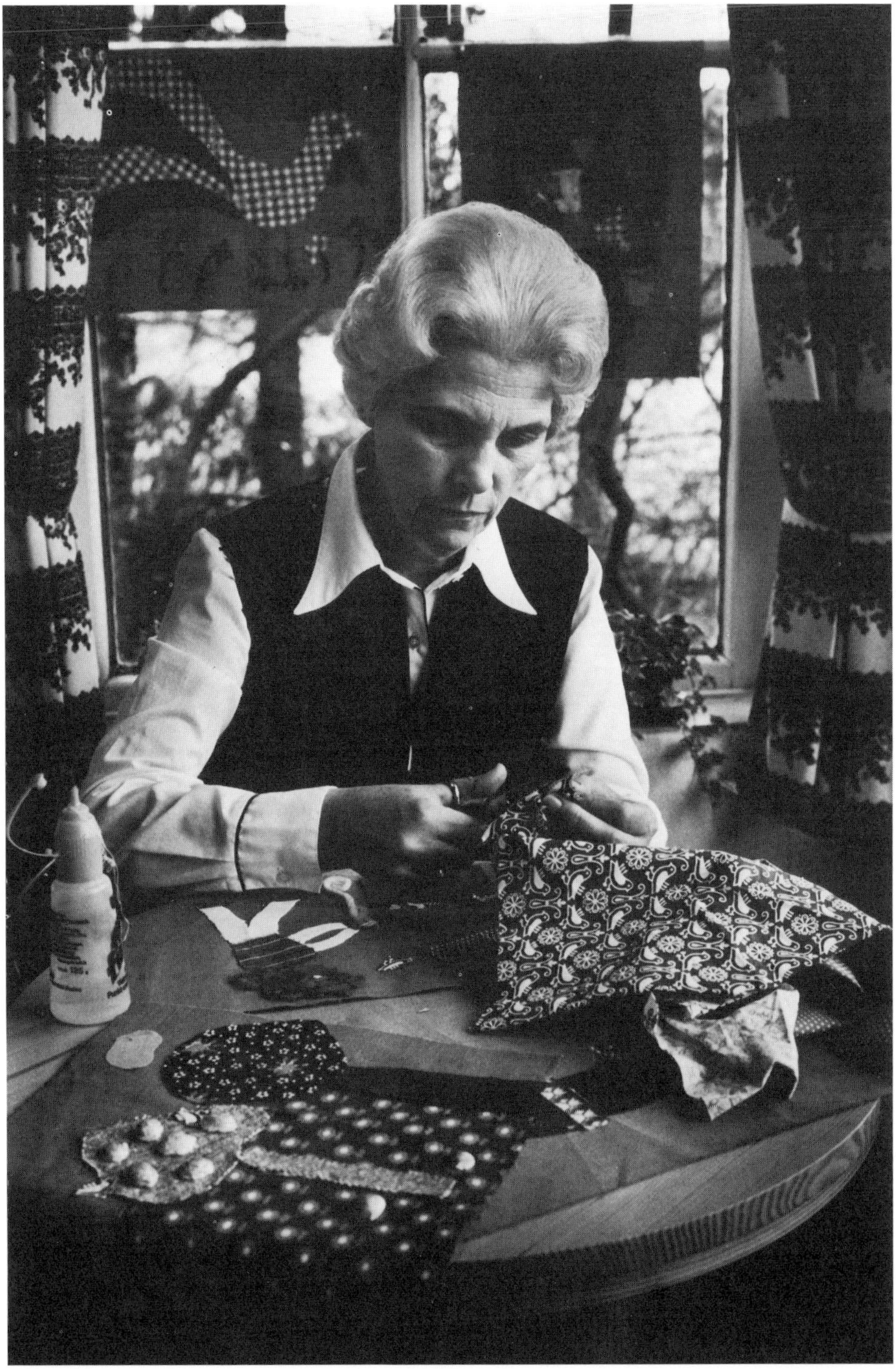

Abb. 9: Junge und Mädchen als Schnittmusterfigur für Wandbilder aus Stoff (auf dem beigefügten **Schnittmusterbogen** größer zum Durchpausen wiedergegeben).

Abb. 10: Tiere als Standardtypen für Wandbilder aus Stoff (auf dem beigefügten **Schnittmusterbogen** ebenfalls als größere Vorlage abgebildet).

mit Stecknadeln auf den betreffenden Stoff und schneiden mit der Schere darum herum.

Dieses ausgeschnittene Stoffteilchen läßt sich dann mit Kleber auf die große einfarbige Stofffläche aufkleben. Hier sind alle Möglichkeiten offen, aus den einzelnen Elementen eine Vielzahl von Bildern zu fertigen.

Dazu soll gesagt werden, daß Figuren und Tiere, die von der Seite dargestellt sind, selbstverständlich auch in die andere Richtung gucken können. Sie brauchen dann lediglich die Kopie, die Sie angefertigt haben, umzudrehen.

Zur Dekoration Ihrer Arbeiten gibt es viele Wege, die mit Nadel und Faden, aber auch mit bunten Filzstiften ausgeführt werden können. So lassen sich die Haare bei den Kindern oder auch die Fellchen bei den Tieren in farbiger Wolle darstellen. Auch bei den Bäumen und Blumen ist es ohne weiteres möglich, Einzelheiten durch Stickereien zu ergänzen.

Die Dame auf unserem Foto hat im Vordergrund einen Baum, der zusätzlich mit bunten Muscheln dekoriert worden ist. Diese Muscheln lassen sich mit der Nadel durchstechen und mit einem Stich zusätzlich anheften, weil sonst zu leicht die Gefahr besteht, daß sie vom Kleber allein nicht gehalten werden können.

Eine weitere Möglichkeit bei diesen Arbeiten ist durch vorgedruckte Stoffe gegeben, bei denen man die jeweils ausgedruckten Muster ausschneidet und auch wiederum zu neuen Bildern in Verbindung mit anderen Stoffen zusammenfügt.

Natürlich lassen sich die Umrisse der so entstandenen Bilder auch zusätzlich umnähen, und es lassen sich auch andere Materialien als solche von Stoff aufbringen.

Hier sei noch ein ergänzender Hinweis gestattet. Es erhöht natürlich den Reiz eines Bildes ungemein, wenn es so angelegt ist, daß sich zu seinem Inhalt eine Geschichte erzählen läßt. Hier soll nicht nur auf unsere alten Volksmärchen verwiesen sein, bei denen zum Beispiel das Schneewittchen oder die sieben Zwerge auftreten (deren Bärte sich vorzüglich aus Wollfäden darstellen lassen), sondern es sei auch auf Geschichten verwiesen, die jeder im einzelnen selbst erfinden kann. Denn weil wir die Möglichkeit haben, mit allen verfügbaren Stoffresten, also auch mit Spitzen, Prinzessinnen zu garnieren oder mit glänzenden Stoffen Dinge aus der modernen Technik darzustellen, sind diesen Bildern keine Grenzen gesetzt, auch gerade bei all denen nicht, die sich bisher immer eingebildet haben, im bildnerischen Gestalten und im Zeichnen keine ausgesprochen großen Künstler gewesen zu sein.

IV
Allerlei Schiffchen

Uns allen ist es sicher noch in Erinnerung, wie wir früher aus den Seiten unserer Schulhefte Schiffchen gefaltet haben. Für diejenigen, die sich nicht mehr erinnern, die es inzwischen vergessen haben, sei hier der Werdegang noch einmal demonstriert (*Abb. 11, Seite 44/45*).

Zunächst wird ein Blatt Papier in der Mitte gefaltet, dann werden die beiden oberen Ecken nach vorn und hinten gebogen, der unten überstehende Rand wird hochgeklappt, die Ecken werden eingebogen. So entsteht zunächst ein Papierhelm, der nun weiterverarbeitet wird.

Er wird zunächst so flach geklappt, daß ein Viereck vor uns liegt. Wenn wir das Viereck auf die Spitze stellen, so daß die beiden unteren Seiten die zusätzliche Klappe enthalten, ist es nur noch erforderlich, diese wiederum nach oben zu biegen. Nun drehen wir abermals das Papier und klappen wiederum von dem auf die Spitze gestellten Viereck die Seitenteile hoch. Wenn wir nun die beiden Innenseiten auseinanderziehen, haben wir unser altes Papierschiffchen vor uns.

Es eignet sich für vielerlei Spielereien, für die Badewanne, auch für kleine Pfützen und Teiche im Garten. An Bächen sollte man damit vorsichtig umgehen, weil diese Schiffchen wegschwimmen und dann hinterher als Papier irgendwo in der Landschaft hängenbleiben, und das sollte sicherlich nicht unsere Absicht sein.

Aber nicht nur auf diese Weise lassen sich Schiffchen herstellen. Es gibt eine andere Methode, mit der wir Schiffchen bauen können, die eigentlich nur für das Spiel im Trockenen geeignet sind. Wir meinen hier Schiffchen, die in der Wohnung gebraucht werden und bei der der Zimmerfußboden der große See ist, auf dem diese Schiffchen dann im Spiel hin und her fahren können (*Abb. 12, Seite 47*).

Für diese Schiffchen benötigen wir wiederum leere Schachteln. Es ist zweckmäßig, eine möglichst längliche Schachtel als Rumpf für dieses Schiff zu benutzen. Wir verfahren dann so, daß wir das vordere und hintere Ende dieser Schachtel öffnen und zu Spitzen verändern. Das geschieht in gleicher Weise, wie wir es bei der Herstellung von Häuschen für Spiellandschaften (*Abschnitt VI, Seite 65*) ausführlich beschreiben. Das heißt im ein-

43

1

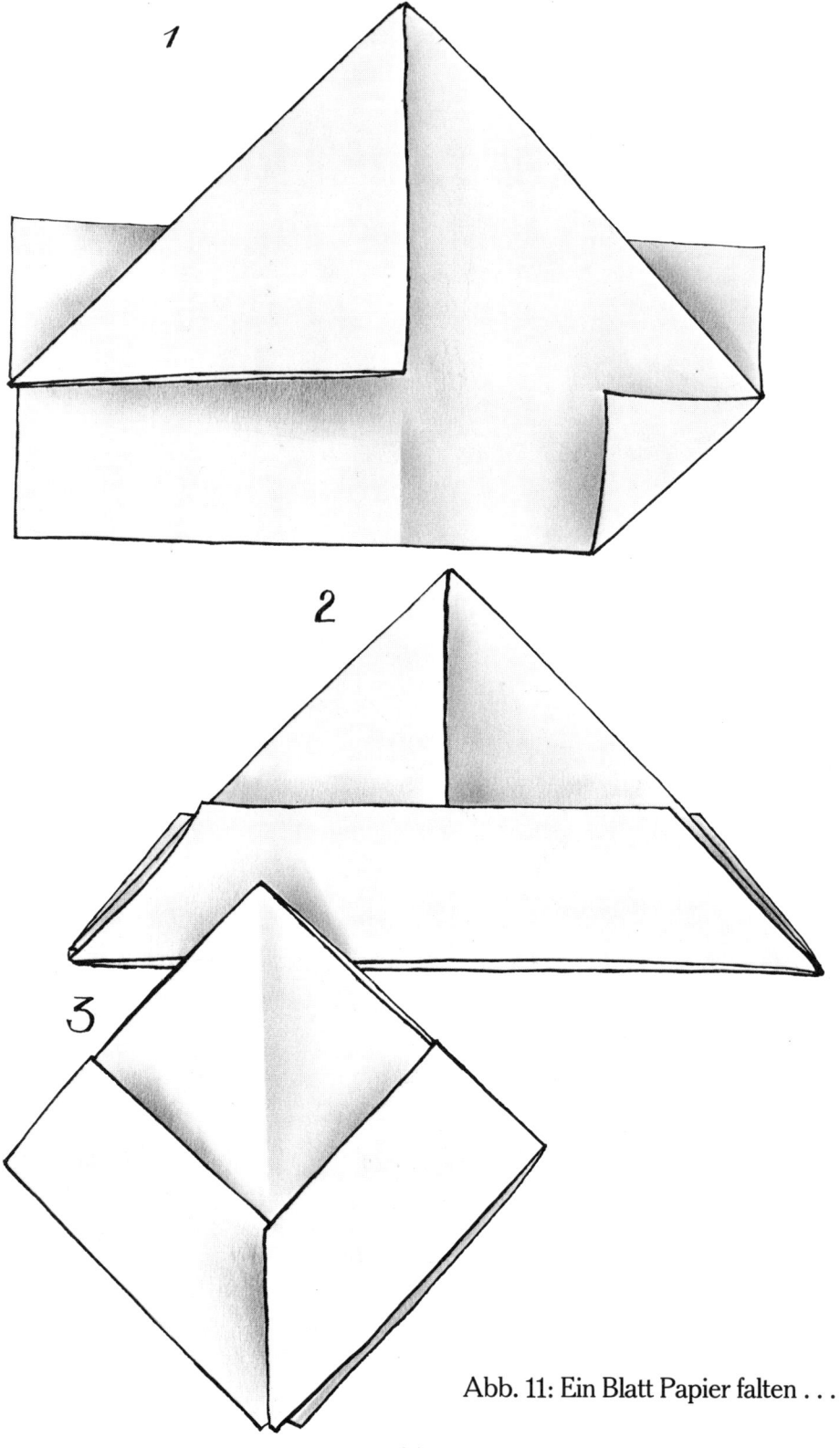

2

3

Abb. 11: Ein Blatt Papier falten . . .

4

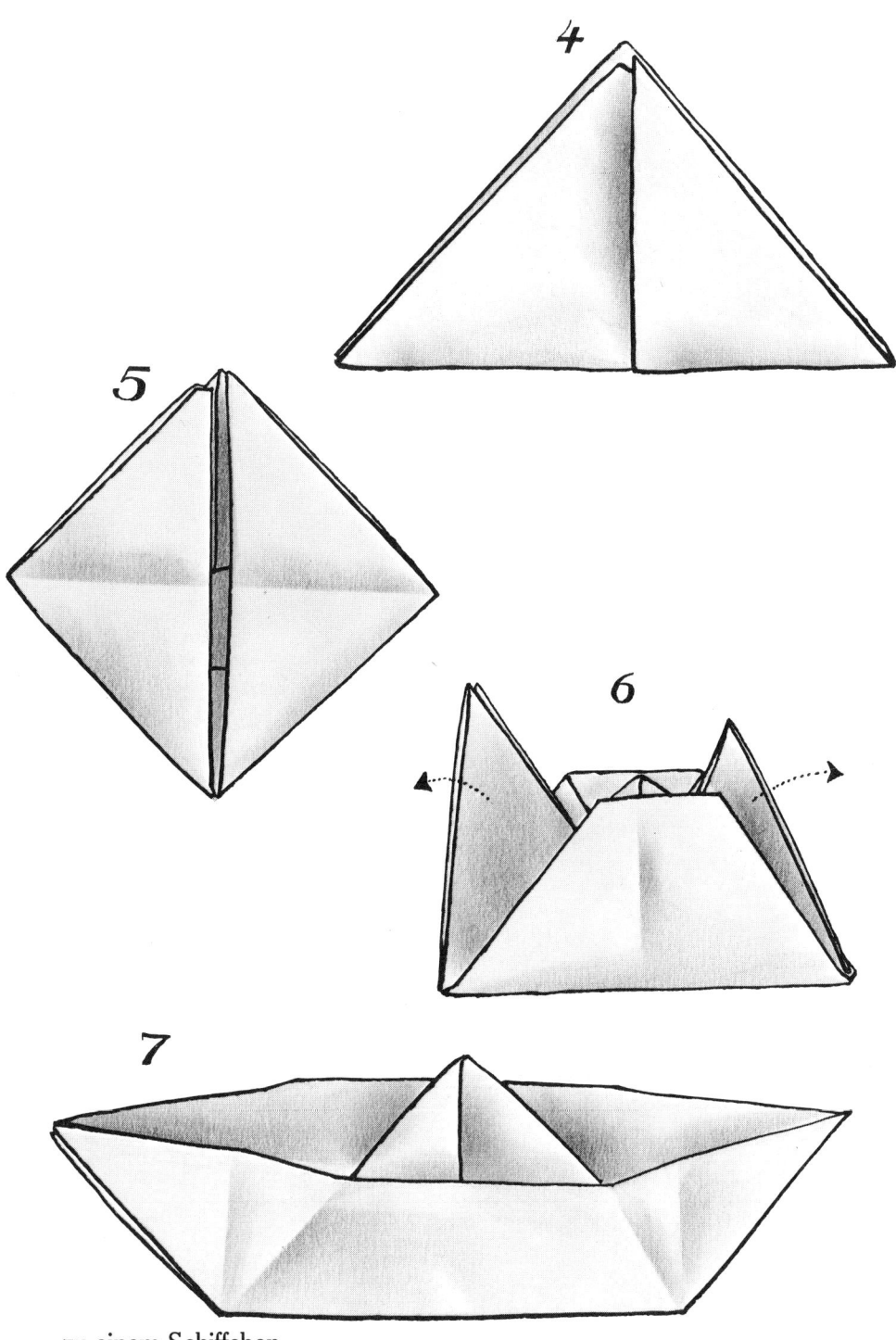

5

6

7

... zu einem Schiffchen.

zelnen, daß wir die Mitte der Schachtel zunächst festlegen, dann die Schachtel bis zu einer bestimmten Länge einschneiden, und zwar an allen vier Kanten, die Boden- und Decksfläche unseres künftigen Schiffchens nach innen einklappen und die Seiten dann davorkleben. Wenn das vorne und hinten geschehen ist, haben wir einen spitzen Körper, der an beiden Seiten schon deutlich den Charakter eines Schiffchens trägt.

Was jetzt noch zu tun ist, bereitet relativ wenig Mühe. Wir können aus kleineren Schächtelchen die Aufbauten des Schiffes herrichten, wir können auch mit Schaschlikstäben oder Streichhölzern Masten und Ladebäume anbringen, je nach dem Schiffstyp, den wir darzustellen versuchen.

Wir können darüber hinaus auch Segelschiffe fertigen, und zwar in der Weise, daß wir im Schiffsrumpf Schaschlikstäbe verankern, das heißt, wir stecken sie oben hinein, nachdem wir die Spitze mit Kleber versehen haben, der dann auf dem Boden unseres Schiffes bewirkt, daß der Mast festen Halt bekommt. Natürlich gehört jeweils etwas Geduld dazu, denn die einzelnen Klebeflächen müssen ja immer erst fest geworden sein, ehe wir weiterarbeiten können.

Wenn diese Arbeiten mit Kindern ausgeführt werden sollen, ist es nicht ungeschickt, gleich mehrere Modelle in Arbeit zu nehmen, damit für die Kinder nicht zusätzliche Wartezeiten entstehen, sondern daß immer in der Zeit, in der ein Schiffsrumpf trocknet, am nächsten gearbeitet werden kann. es ist ohnehin gut, wenn wir gleich mehrere Schiffe machen. Das gibt späteren Spielvorgängen viel mehr Möglichkeiten und animiert auch dazu, ebenfalls aus kleinen Schachteln einen zusätzlichen Hafen zu bauen.

Auch dieser Hafen ist nicht geeignet, draußen zu stehen oder mit Wasser in Berührung zu kommen. Er ist ebenfalls darauf ausgerichtet, auf dem Fußboden oder auf einer glatten Tischfläche aufgebaut zu werden, um so Spielvorgänge zu ermöglichen. Beim Hafen ist es wichtig, daß zunächst eine flache Unterlage, etwa der Deckel eines Schuhkartons, die Ufer abgrenzt und eine bestimmte Höhe zu dem gedachten Wasserspiegel präsentiert. Auf dem Deckel dieses Schuhkartons können wir nun aus anderen Schachteln Lagerhäuser, Hallen und Verwaltungsbauten aufbauen.

Eine besondere Freude ist es nun, wenn es uns gelingt, in diesem Hafen Kräne anzubringen, die in der Lage sind, Schiffe zu beladen. In der Zeichnung ist deutlich ersichtlich, wie aus einer einfachen Schachtel und zwei Pappstreifen, die, von der Schachtel ausgehend, vorne zusammentreffen,

Streichholz

Hebekran

Streichholzschachteln

Pappstreifen

Faden

Schiff aus flacher Schachtel mit offenem Laderaum

Einschnitte

nach innen knicken

Ankleben

Lange Schachtel

Deckaufbauten aus kleinen Schachteln

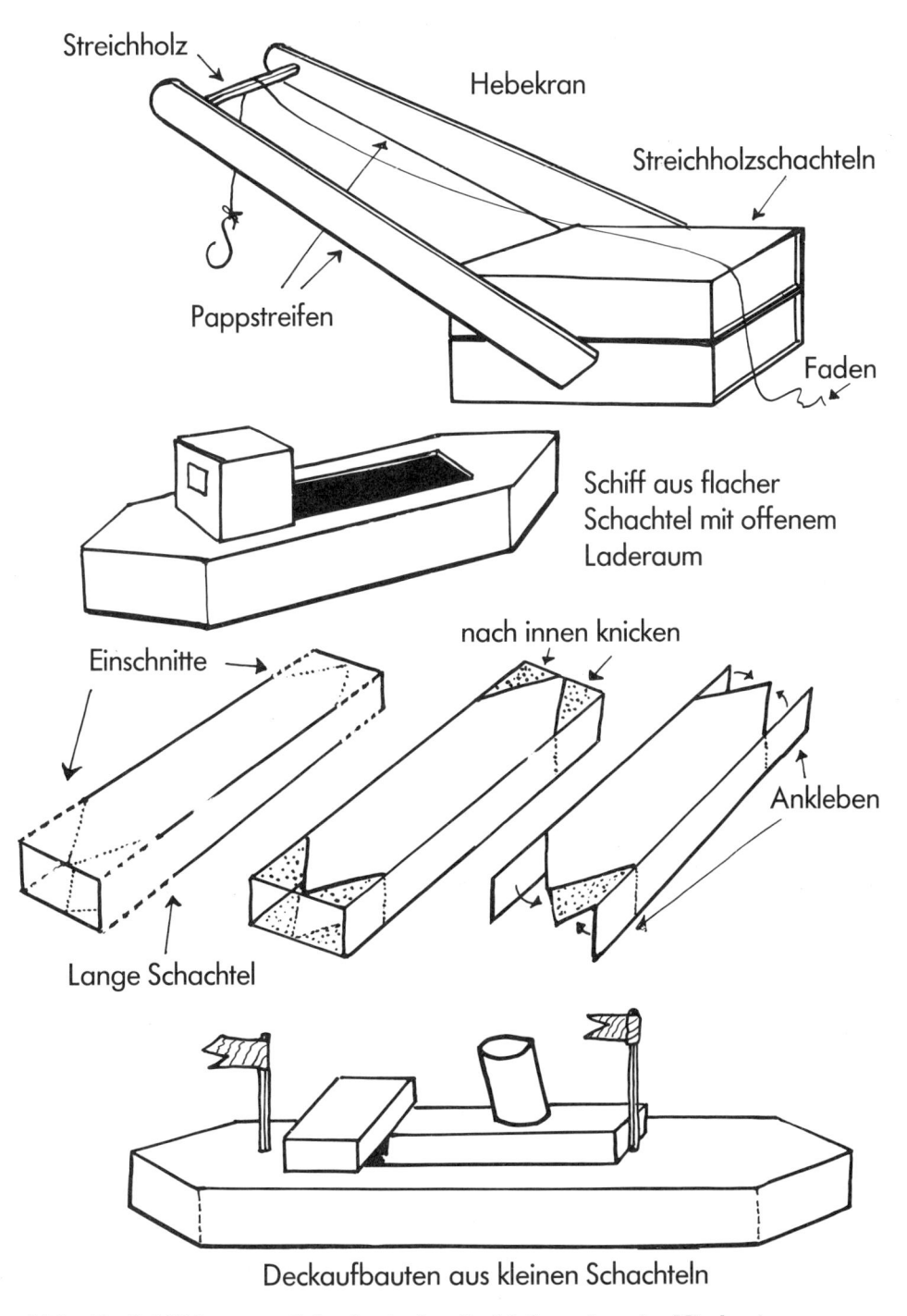

Abb. 12: Schiffchen aus Schachteln für die Hafenanlage im Kinderzimmer.

Kräne gefertigt werden können. Wir haben hier zunächst starre Kräne, bei denen die Ladearme nicht beweglich sind, bei denen aber über die Achse, die aus einem Streichholz bestehen kann, ein Faden geführt wird, an dessen unterem Ende sich ein Haken, den wir aus einer Briefklammer biegen können, befindet. So lassen sich nun kleine Lasten, die auf unsere Schiffe geladen sind, auch Schächtelchen, die als Container mitgeführt werden, von diesem Kran aus bewegen. Wir haben in unserem Falle den Kran aus zwei Streichholzschachteln gefertigt, und zwar deshalb, weil wir diese Streichholzschachteln mit schwereren Gegenständen belastet haben, die dem Kran dann eine gewisse Standfestigkeit geben, wenn der nach vorn gereckte Arm tatsächlich kleine Schachteln aufnimmt.

Es lassen sich selbstverständlich mehrere solcher Schuhkartondeckel zu einem gesamten Hafenelement zusammenstellen. Freude macht es, wenn diese einzelnen Elemente nicht unbedingt nebeneinanderstehen, sondern durch Brücken miteinander verbunden werden. Diese Brücken lassen sich ebenfalls aus kleinen Kartons herstellen. Es ist lediglich wichtig, daß eine Bodenfläche und zwei Seitenflächen vorhanden sind. Diese Seitenflächen können unterschiedliche Formen haben, eben so, wie sie uns vom gesamten Brückenbau her bekannt sind. Es können Brückenbogen sein, es können auch viereckige Geländer sein.

Wenn es sich um Stahlkonstruktionen handeln soll, kann man mit geschickten Händen auch diese Brücken ausschneiden, so daß lediglich Gitter stehenbleiben, die diese Brücken tragen. Es bereitet immer eine besondere Freude, wenn kleine Schiffchen unter diesen Brücken hindurchfahren können.

Aber damit ist unser Kapitel Schiffbau noch nicht abgehandelt. Es geht nun darum, Schiffchen herzustellen, die draußen in der Natur gefertigt werden und die auf richtigem Wasser wirklich schwimmen. Die einfachste Form, die sich da anbietet, wird aus Rindenstückchen gefertigt, die sich leicht mit dem Taschenmesser bearbeiten lassen (*Abb. 13*). Es sei hier der Hinweis gegeben, daß es geschickt ist, auch diese kleinen Schiffchen möglichst symmetrisch zu bauen, das heißt, daß beide Seiten gleich sind. Das bewirkt, daß diese Schiffchen später nicht ständig im Kreise herumfahren.

Zu diesem Zweck ist es gut, wenn wir, nachdem ein passendes Rindenstück gefunden worden ist, aus einem Stückchen Papier eine Schablone fertigen, und zwar in der Weise, daß wir das Papier in der Mitte durchfalten

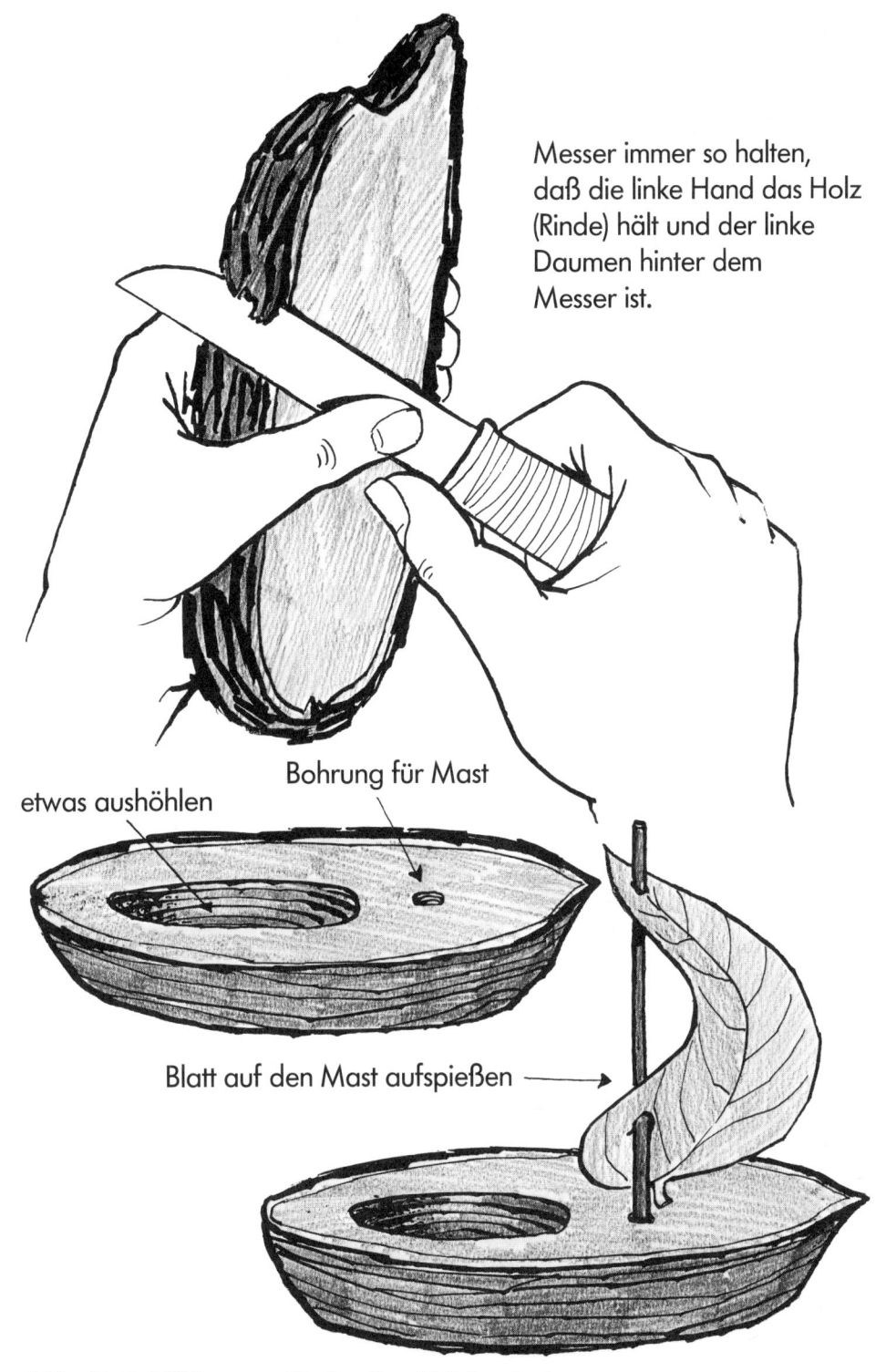

Messer immer so halten, daß die linke Hand das Holz (Rinde) hält und der linke Daumen hinter dem Messer ist.

etwas aushöhlen

Bohrung für Mast

Blatt auf den Mast aufspießen

Abb. 13: Schiffchen aus Rinde, die wirklich schwimmen.

in der Längsseite und dann die Form des künftigen Schiffchens aus diesem Papier ausschneiden. Wenn sich die ganze Angelegenheit im Walde abspielt, genügt es auch, daß man es sorgfältig ausreißt. Dieses Papier legen wir nun auf unser Rindenstück und zeichnen mit dem Taschenmesser die äußeren Konturen an, das heißt, wir drücken mit dem Taschenmesser in die Rinde ein, wie die spätere Form des Schiffchens aussehen soll.

Wenn das geschehen ist, wird sorgfältig von außen her die Rinde entfernt, die überflüssig ist, so daß uns später ein fertiger Schiffsrumpf vorliegt.

Wenn wir nun ein übriges tun wollen, dann ist es geschickt, das Schiff in der Weise auszuhöhlen, daß zwei Höhlungen entstehen, einmal im Vorderteil und einmal im Rückteil. Die Seetüchtigkeit unseres Schiffchens wird dadurch erheblich erhöht, daß wir nur den Vorderteil aushöhlen, uns also im Gegensatz zu üblichen Motor- und Segelbooten unser Modell bauen, und zwar deshalb, weil der hintere Teil dann schwerer ist und tiefer im Wasser liegt.

In der Mitte bohren wir nun mit der kleinen Klinge unseres Taschenmessers ein Loch, in das wir einen Mast einsetzen. Als Segel können beliebige Materialien verwendet werden. Wir haben hier in unserer Sammlung ein Schiffchen, das auf einer finnischen Insel angetrieben worden ist, bei dem das Segel aus einem Stück Birkenrinde gefertigt wurde. Wir halten es trotz dieses reizenden Andenkens nicht für sinnvoll, wenn wir Birken ihrer Rinde berauben, um ein Segel zu bekommen. Das läßt sich aus großen Blättern leichter fertigen oder gar aus einem Stückchen Papier.

Wenn der Mast zu hoch im Verhältnis zu unserem Schiffsrumpf ist, besteht leicht die Möglichkeit des Kenterns, daß unser Schiffchen also umkippt. Wir haben zwei Möglichkeiten: entweder den Mast zu kürzen, so daß die Schiffsbreite ohne weiteres in der Lage ist, die Last des Mastes zu tragen, oder aber dieses Schiffchen mit einem zusätzlichen Kiel zu versehen, das heißt, exakt ausgedrückt, einem Blech, das nach unten ins Wasser ragt und den Schwerpunkt nach unten verlagert.

Wenn wir auf unserer Wanderung sind, wird es nicht immer leicht sein, solch ein passendes Blech zu finden. Es genügt aber auch, von unten in den Schiffsboden ein Stück Draht einzubringen, der dann nach unten gebogen ist und dem Schiff Stabilität nach unten verleiht. Ein alter Nagel, den wir an irgendeinem Weidezaun finden können, erfüllt die gleichen Dienste.

Wenn wir uns in professionellere Ebenen begeben wollen, um Schiffchen zu bauen, die zu Hause möglichenfalls auch unter Zuhilfenahme von richtigem Werkzeug entstehen sollen, dann ist der Werdegang eines Schiffchens ähnlich dem, den wir gerade mit dem Rindenschiff beschrieben haben.

Es ist zunächst notwendig, sich eine Schablone zu fertigen, die gewährleistet, daß beide Seiten des Schiffchens gleichmäßig sind. Wenn wir die Schablone auf ein entsprechendes Holz aufbringen und die Umrisse sauber abgezeichnet haben, können diese Umrisse mit einer Feinsäge oder einer Laubsäge ausgesägt werden.

Der nächste Arbeitsgang ist dann, den äußeren Teil des Rumpfes sauber glattzuschleifen. Das kann in der Weise geschehen, daß wir Schmiergelpapier um ein Holzklötzchen wickeln und so ein Werkzeug haben, mit dem es sich gut schleifen läßt. In unserem vorliegenden Fall ist die Unterfläche unseres Schiffchens waagerecht geblieben, also passend zur Wasseroberfläche. Wir können jetzt hingehen und zunächst die Aufbauten des Schiffchens in Angriff nehmen. Das kann einmal der Segelmast sein, wie wir es auf der Zeichnung dargestellt haben, es können aber auch andere Formen sein, etwa die, die ein heutiger Tanker einnimmt, oder die eines Containerschiffes, bei dem das Schiff vorne mit diesen riesigen Kisten beladen wird.

Haben wir uns für ein Segelboot entschieden, dann ist es unabdingbar notwendig, an der Unterseite wiederum einen nach unten hin verlängerten Kiel anzubringen, um ein Kentern des Schiffchens zu verhindern.

Wenn wir dieses Schiff in einer Werkstatt oder Bastelstube fertigen, wird es uns sicher ein leichtes sein, ein entsprechend passendes Stück Blech zu finden, das an der Unterseite des Schiffchens befestigt wird, und zwar in der Weise, daß wir das Oberteil dieses Bleches einschneiden und die so entstandenen Teile jeweils rechts und links seitwärts wegbiegen, um sie dann mit Nägeln oder Schräubchen am Schiffsrumpf zu befestigen.

Der Außenanstrich unseres Schiffchens muß mit wasserfesten Farben geschehen. Hier eignen sich unterschiedliche Lacke, die im Handel erhältlich sind, und es ist jedem selbst überlassen, Farben und Bemalungsformen auszudenken, die dann Freude bereiten werden.

V
Plastische Bilder

Aus der Volkskunst vergangener Jahrhunderte sind uns unendlich viele Bilder bekannt, die nicht nur aus einer Fläche bestehen, also gemalte Bilder, sondern solche Bilder, die in die dritte Dimension vorstoßen. Kunstgeschichtlich exakt müßten wir hier von Reliefs sprechen. Nur sind diese Reliefs nicht aus einem einzigen Material gefertigt worden, man hat vielmehr unterschiedliche Hilfsmittel benutzt, um eine bildhafte Wirkung zu erzielen.

In der Regel wurde der Hintergrund für diese Bilder mit Farbe ausgemalt. Vor diesem Hintergrund wurden je nach Bedarf Berge oder Wälder aus unterschiedlichem Material angebracht. Das konnte in der Weise geschehen, daß man Rindenstückchen verwendete, daß man Bäume aus kleinen Mooshälmchen fertigte oder die ganze Angelegenheit aus Papier ausgeschnitten und dann angemalt hat.

Der Vordergrund, der in der Regel das eigentliche Bild ausmachte, wurde dann je nach den gegebenen Möglichkeiten gefertigt. Hier gibt es eine Vielzahl von Heiligen- und Modelbildchen, bei denen der Hauptdarsteller des Bildes aus einer Wachsfigur besteht, die entweder in einer vorgegebenen Form, einem Model, gegossen war oder die auch gelegentlich frei modelliert worden ist.

Solche Bilder können wir heute noch an bekannten Wallfahrtsorten finden, und zwar werden sie dort als Andenken an eben diese Wallfahrt von Händlern angeboten. Aber auch die Umgebung der Zifferblätter in Uhrgehäusen wurde gelegentlich in ähnlicher Weise gestaltet, wenngleich es hier üblicher war, den Hintergrund als wirkliches Relief aus einem Material zu formen, aus dünnem Kupfer- oder auch aus Messingblech.

Wir wollen hier eine Anregung geben, wie man ähnlich auch in unserer Zeit dreidimensionale Bilder herstellen kann. Dabei haben wir uns überlegt, inwieweit wir heute noch dieser alten Volkskunst gerecht werden können, leben wir doch in einem Zeitalter, in dem figürliche Darstellungen kaum mehr in Wachs angeboten werden, sondern meist als Kunststofferzeugnisse auf den Markt gelangen. Kunststoffe – exakter ausgedrückt: Polyesterverbindungen – beherrschen unser modernes Leben.

Wenn wir also bei den Arbeiten, die wir anregen, auch auf Figürchen aus eben diesen Kunststoffen zurückgreifen, dann geschieht das unseres Erachtens in einer legitimen Weise, die Dinge unserer Gegenwart so wahrzunehmen, wie sie sich anbieten.

Es wurde eben gesagt, daß die alte Volkskunst, die dreidimensionale Bilder hervorgebracht hat, sich unterschiedlicher Materialien bediente, und so soll es auch bei uns sein. Wir wollen zunächst einmal auf die Dinge zurückgreifen, die die Natur uns anbietet. Wir können diese Naturerzeugnisse durch handgefertigte Dinge ergänzen und schließlich auch das, was die Industrie im Angebot hat, mit einbeziehen.

Für dreidimensionale Bilder benötigen wir nicht mehr die Fläche, sondern einen Raum. Dieser Raum kann aus dem Deckel einer Schachtel bestehen. Wir können ihn aber auch, wie wir es auf der Zeichnung dargestellt haben, selbst herstellen (*Abb. 14*).

Natürlich braucht dieser Raum einen Hintergrund, den wir, wie es bei der früheren Volkskunst üblich war, selbst ausmalen können, den wir aber auch, unserer Zeit entsprechend, einfach anderen Druckerzeugnissen entnehmen. Es gehört nur ein etwas geübtes Auge dazu, um in Reklamen von Illustrierten, von Postkarten, auch in Angeboten von Reisebüros entsprechende Landschaftsbilder zu finden, die wir ausschneiden und in unseren Hintergrund einkleben.

Dabei sollte darauf geachtet werden, daß in der Regel das obere Drittel des Bildes vom Himmel bestimmt wird und daß nur die unteren zwei Drittel Landschaft, Berge, Wälder – oder was auch immer – zeigen. Natürlich richtet sich das auch etwas nach der Landschaft, die wir zeigen wollen. Bei Berglandschaften sieht es gut aus, wenn die dargestellten Berge weit in den Himmel ragen. Meerlandschaften bekommen mehr Weite, wenn der Horizont am unteren Drittel des Bildes angeordnet ist.

In die so ausgeklebte Schachtel fügen wir nun nach dem Vorbild alter Bilder den Mittel- und Vordergrund ein. Der Mittelgrund kann wiederum aus einer Art Kulisse bestehen, die wir ebenfalls vorgedruckten Erzeugnissen entnehmen. Sie werden mit der Schere ausgeschnitten. Für den Vordergrund brauchen wir nun vollplastisches Material, das, soweit es sich um die Darstellung von Bäumen und Gewächsen handelt, aus Korken, kleinen Holzstückchen, aus Rinde, aus Moosen und Ästchen bestehen kann. Wenn wir das Ganze so geschickt eingeklebt haben, daß ein Bild entstanden ist,

Abb. 14: Ein dreidimensionales Bild.

fehlt lediglich die Hauptperson oder aber die Hauptpersonen unseres Bildes. Diese können wiederum unterschiedlicher Art sein, nur sollten sie dem Bildganzen entsprechen.

Zu ihrer Beschaffung bieten sich mehrere Möglichkeiten an. Zum einen können die Personen selbst gefertigt werden. (Wir haben in einem kleinen Exkurs über die Herstellung von Biegepüppchen, die aus Draht und anderem bunten Material gebastelt werden, diesen Weg im *Abschnitt VI, Seite 67,* aufgezeigt.) Sie eignen sich vorzüglich, um in solch einem Bilde Platz zu finden.

Eine zweite Möglichkeit ist die, aus natürlichen Produkten, wie wir es im *Abschnitt II, Seite 20,* bei den Spiellandschaften für verregnete Ferientage ausführlich beschrieben haben, ebenfalls Figuren und Wesen zu formen, die dann diese vorgegebene Landschaft bevölkern.

Die weitere Möglichkeit ist die, sich auf die Erzeugnisse unserer Industrie zu konzentrieren, worauf wir uns hier in unserer Darstellung beschränken, weil für die anderen kreativen Formen die Beispiele bereits vorgestellt worden sind.

Bei den industriellen Erzeugnissen sollte man darauf achten, daß man Figuren, die bei jedem Spielzeughändler, gelegentlich auch in Schreibwarengeschäften angeboten werden, kauft, die so exakt und kunstgerecht wie möglich gefertigt worden sind. Es gibt eine Reihe von deutschen Herstellern, die auf diesem Gebiet Vorzügliches leisten. Es gibt aber auch gerade auf diesem Markt eine Vielzahl von sehr viel billigeren, aber auch sehr viel wertloseren Figürchen, an denen man besser vorbeisehen sollte. Diese Figürchen lassen sich nun unseren Vorstellungen entsprechend in die Landschaft einordnen.

Wir waren bestrebt, Ihnen einige Möglichkeiten zu nennen, um Ihre Fantasie in entsprechender Richtung anzuregen. Es wäre schön, wenn Sie selbstschöpferisch Ihren eigenen Vorstellungen den Vorrang gäben.

Wenn Sie die Anordnung innerhalb Ihres Schächtelchens vollendet haben, bleibt als letzter Akt lediglich eines übrig: das Ganze nach außen hin zu schützen. Das kann, ebenfalls unserer Zeit entsprechend, mit einer Klarsichtfolie geschehen, die Sie einfach über die Öffnung dieses Schächtelchens ziehen und seitwärts mit Tesaband verkleben. Es kann aber auch, um dem Ganzen ein etwas solideres und handfesteres Aussehen zu geben, mit einer Glasplatte geschehen, die so groß sein muß, daß sie rundum auf den Kanten des Schächtelchens aufliegt. Diese Glasplatte kann dann ebenfalls mit einem entsprechend farbigen Tesaband auf das Schächtelchen geklebt werden.

Kleine Reiseandenken

Eine Variante dieser Bastelarbeit müßte noch erwähnt werden, und zwar begeben wir uns jetzt in den Bereich der Miniaturen. Wir alle haben eine Vorliebe für die kleinsten Formen von Darstellungen. Die Begründung ist psychologischer Art und würde hier, wenn sie exakt abgehandelt werden sollte, entschieden zu weit führen.

Miniaturen in unserem Bereich, also im Bereich der dargestellten Bilder, lassen sich vorzüglich in Streichholzschächtelchen darstellen. Auch hier ist die Verfahrensweise ähnlich wie bei den plastischen Bildern, die wir in Schachteln angeordnet haben, nur muß natürlich für die Streichholzschachtel alles viel, viel kleiner sein. Gerade in Streichholzschachteln lassen sich kleine Bildchen einkleben, die gelegentlich auch von Postkarten entnommen sein können, und mit ganz wenigen Hilfsmitteln kann in so einem Schächtelchen eine ganze bunte Welt entstehen.

Die so geschaffenen kleinen Werke eignen sich vorzüglich als Mitbringsel aus den Ferien, denn es ist doch üblich, den Lieben daheim irgendwelche Dinge mitzubringen. Das können Eigenheiten der jeweiligen Landschaft sein, die dann mehr oder weniger großen Kunstwert haben. Ausgesprochene Andenkenläden sind sehr häufig Ansammlungen von überflüssigem Kitsch, auf den man gern verzichten sollte.

Der Wert eines Andenkens aber wird in dem Augenblick anders, wo das Mitgebrachte eine persönliche Note enthält, das heißt in irgendeiner Weise die Handschrift des Schenkenden ausweist. Wir möchten hier anregen, solche Mitbringsel selbst zu fertigen, ohne daß ein großer Aufwand entsteht und ohne daß diese Angelegenheit unnötig in hohe Kosten getrieben wird.

Notwendig zu unserer Arbeit ist lediglich ein Streichholzschächtelchen, in das wir nun die kleine Welt einbauen, die unsere Ferien in besonderer Weise beeindruckt hat. Das können sowohl Szenen sein, die sich am Meer abgespielt haben, als auch solche aus dem Walde oder andere, die durch

Abb. 15: Miniaturen – Bastelarbeiten im Kleinstformat.

bestimmte Landschaften geprägt wurden oder gar einen historischen Hintergrund hatten.

Erforderlich für diese Arbeit ist also ein Streichholzschächtelchen, in das ein entsprechender Hintergrund eingebracht werden sollte. Dieser Hintergrund ist von Postkarten, aber auch aus Reiseprospekten und anderen Bildern zu gewinnen, indem wir sie einfach auf die passende Größe eines Streichholzschächtelchens zuschneiden.

Dann genügen in der Regel ein paar wirklich winzige Ästchen Moos oder ein Rindenstückchen oder ein Fingerhut voll Sand und die entsprechenden Figuren, die unsere Landschaft beleben sollen. Diese Figuren können wir im nächsten Spielwarengeschäft käuflich erwerben, und zwar halten wir Ausschau nach dem Zubehör für Modelleisenbahnen. Hier ist es die Firma Preiser, die ein sehr breit gefächertes Angebot bereithält, und zwar sowohl mit Figuren, die sich auf Landschaften beziehen, als auch mit solchen, die in historischen Gewändern dargestellt sind. Wir benötigen jetzt lediglich noch eine Tube Alleskleber, mit dem zunächst der Hintergrund in das Streichholzschächtelchen eingeklebt wird. Dann wird der Vordergrund gestaltet, eben in der Weise, wie sie oben beschrieben worden ist (*Abb. 15*).

Für die einzelnen Modelle haben wir eine Reihe von Beispielen bereitgestellt (*Abb. 16*), die wir hier kurz ansprechen möchten. Da ist zunächst das Geschehen am Strande, für das wir lediglich das Bild eines Sees benutzt haben, der Vordergrund ist in der Weise entstanden, daß zunächst Kleber aufgetragen wurde. Auf diesen Kleber haben wir vorgegebene Figürchen geklebt und das Ganze dann mit Sand ausgefüllt. Der nicht vom Kleber befestigte Sand läßt sich leicht durch einfaches Pusten entfernen. Das ist das Schächtelchen, das wir im *Bild 1* unserer Zeichnung dargestellt haben. Ein zweites – *Bild 2* – stellt eine Seereise dar. Hier sind andere Hintergrundmotive gebraucht worden. Es ist zusätzlich aus Streichhölzern, die wir noch einmal gespalten haben, ein kleines Gitter entstanden, vor dem nun eine Gruppe von Reisenden auf die Abfahrt des Schiffchens wartet. Auch beim *Bild 3* sind wir in den Küstengebieten geblieben. Hier sind ebenfalls wieder einige Figuren vor eine Küstenlandschaft gestellt worden. Der Grund wurde gleichfalls ausschließlich mit Sand gestaltet.

Im *Bild 4* haben wir als Hintergrund eine Postkarte verwendet, die seitwärts mit winzigen Zweigen von Moos dekoriert worden ist. Im Mittelpunkt sehen wir ein Pärchen, das beim bayrischen Schuhplatteln dargestellt wor-

Abb. 16: Reiseandenken – kleine Welten in Streichholzschächtelchen.

den ist. Das gleiche gilt für das Häuschen unseres *Bildes Nr. 6*. Das *Bild Nr. 5* zeigt einen Hirsch, der ebenfalls in einem Hochwald auf uns zublickt. Der Hochwald ist aus wenigen winzigen Moosästchen angeordnet worden.

Für die *Bilder 7, 8 und 9* haben wir uns historische Figürchen besorgt, die ebenfalls vor entsprechenden historischen Hintergründen dargestellt worden sind. Es handelt sich hier um Biedermeierfiguren, die normalerweise als Zubehör für Modelleisenbahnen vom Hause Preiser hergestellt werden.

Zum Schluß bekleben wir die Streichholzschachtel von außen mit einem Papierstreifen, der dann individuell gestaltet werden kann. Es hat uns Freude gemacht, ihn mit einem kleinen Sprüchlein zu versehen, das folgendermaßen lautet: „Du siehst, ich hab' an Dich gedacht und Dir was Hübsches mitgebracht." Es kann aber auch jede beliebige andere Beschriftung erfolgen, die ganz persönliche Grüße enthält.

Wir haben die Erfahrung machen können, daß solchermaßen hergestellte Mitbringsel beim Empfänger viel mehr Freude auslösten als Dinge, die von der Industrie, mit irgendwelchen Ortsnamen oder Landschaftssymbolen versehen, hergestellt worden sind.

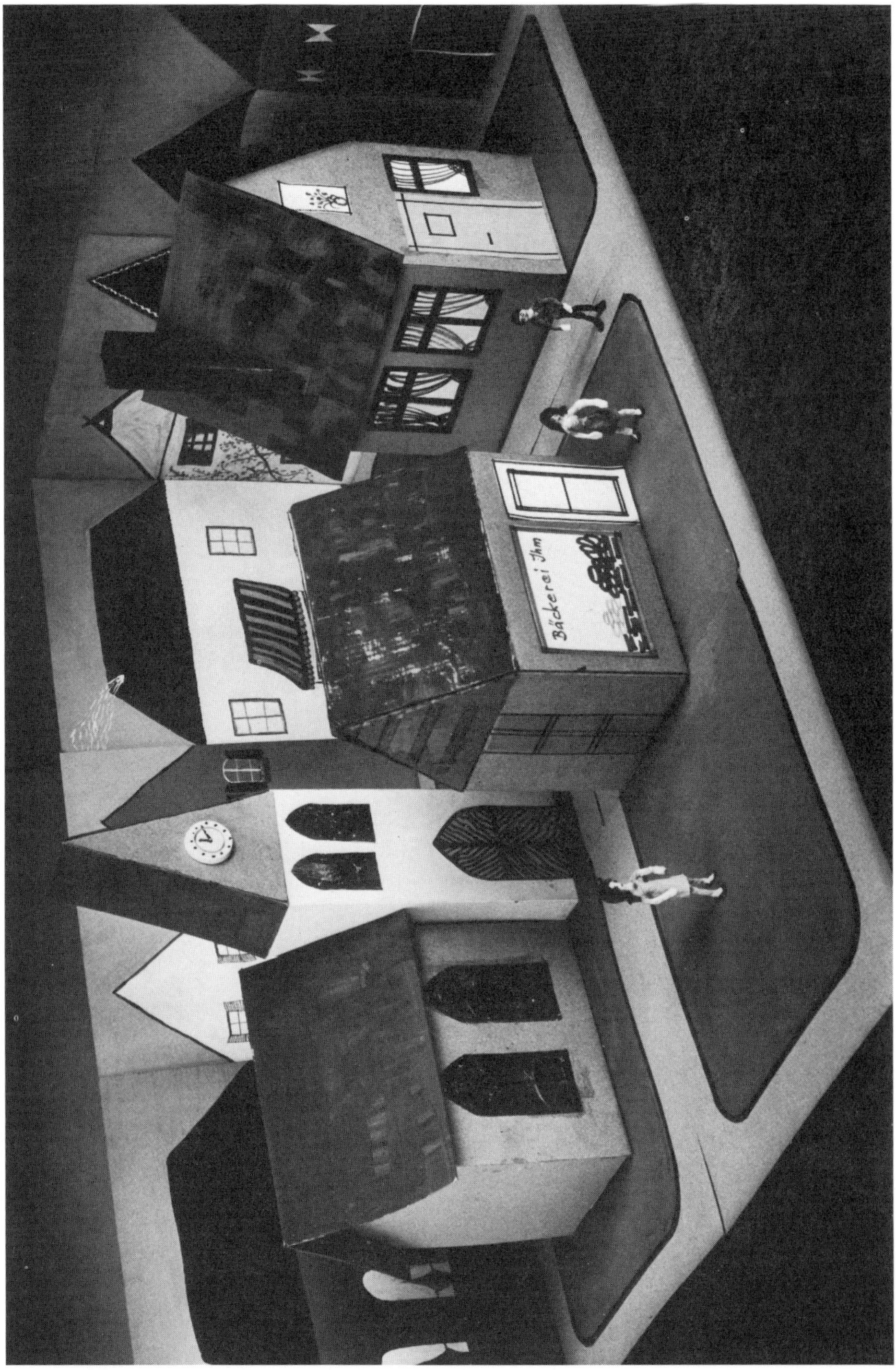
Bäckerei Ihm

VI
Spiellandschaften

Spiellandschaften sind ein verkleinertes Abbild unserer Umwelt. Sie sind als Hobby von Erwachsenen unter dem Namen „Diorama" bekannt. Hier werden historische und kulturelle Szenen nachgebaut. In der Regel werden Zinnfigürchen dazu verwendet, die dann vor dem jeweiligen Hintergrund aufgebaut werden. Meistens ist die Sichtseite solch einer Szenerie mit einer Glasplatte abgeschlossen, um zu verhindern, daß fremde Eingriffe oder auch Staub stören würden. Die Anfertigung von Dioramen erfordert sehr viel Sorgfalt und recht häufig ein intensives Szenenstudium, um die kulturhistorischen Gegebenheiten exakt darstellen zu können. Die Figuren sind, wie oben angedeutet, vorgegeben durch den Zinnguß, der exakt und mit sehr viel Sorgfalt bemalt werden muß. Häuser und Landschaften können aus Pappe oder anderem Material frei gestaltet werden. Die schönste und größte Sammlung von Dioramen innerhalb Deutschlands befindet sich auf der Plassenburg im nördlichen Bayern. Dort sind auch recht große, also mehrere Quadratmeter umfassende Szenen – vielfach von historischen Schlachten – nachgebildet worden.

Der Bau von Dioramen ist ein Hobby, das häufig unter Zinnfigurensammlern anzutreffen ist und das einem kleinen Kreis von Experten vorbehalten ist. Deshalb soll hier lediglich auf diese Möglichkeit hingewiesen werden.

Unser Augenmerk soll sich auf eine andere Form von Spiellandschaften richten, die wiederum Brücken zur jüngsten Generation schlagen kann. Eine Spiellandschaft ist eine in sich geschlossene Einrichtung, die dem Erwachsenen, viel stärker aber noch dem Kinde, die Möglichkeit bietet, seine ureigenste Welt aufzubauen.

In dem von uns vorgestellten Beispiel haben wir Grundplatten von 40x40 cm verwendet. Diese Platten können aus einfacher Pappe, aber auch aus Hartfaserplatten bestehen, die haltbarer sind. Auf die Bodenplatten malen wir ein System von Straßen und Grünflächen auf. Diese Platten sollten so angeordnet sein, daß sie beliebig – jeweils dem Spiel- oder Aufbauvorgang entsprechend – verändert werden können.

Den Hintergrund bilden ebenfalls 40x40 cm große Platten, auf die

Kulissen gemalt oder aufgeklebt werden. Wer es sich zutraut, diese Kulisse selbst zu gestalten, wird keine großen Schwierigkeiten haben, mit Plaka- oder Deckfarbe entsprechende Häuser oder Bäume und Landschaften zu malen. Man kann aber auch Häuser, Kirchen und Bäume aus Illustrierten, aus Reiseprospekten und ähnlichen Druckerzeugnissen einfach ausschneiden und aufkleben; nur müssen sie in der Größe zueinander passen. Die Platten sollten so angeordnet sein, daß man sie untereinander austauschen kann, um neue Bilder entstehen zu lassen. In unserem Fall haben wir die Platten beidseitig bemalt, so daß sie auch jeweils gewendet werden können. Zum Spiel mit dieser Spiellandschaft empfiehlt sich eine Zimmerecke, in der die hochstehenden Platten mit einem Doppelklebeband, das heißt einem Klebestreifen, der von zwei Seiten klebt, an die Wand oder an vorhandene Möbel geklebt werden können, um diesen Platten Standfestigkeit zu verleihen. Damit ist die äußere Eingrenzung der Spiellandschaft gegeben.

Es gilt diese Landschaft nun mit Leben zu erfüllen, was bedeutet, daß nach unseren jeweiligen Vorstellungen Gebäude und andere Dinge errichtet werden sollten.

Hier ist vorab eine Überlegung sehr notwendig, und zwar die, nach welchem Maßstab gearbeitet werden soll, denn es muß ja alles zueinander passen. Bekommen Sie nun bitte keinen Schrecken wegen des Maßstabes. Wir wollen keine mathematischen Erörterungen anstellen. In der Regel gehen wir vom vorhandenen Spielzeug aus; das können kleine Gußautos sein oder kleine Figürchen und Püppchen oder aber Dinge, die Sie selbst gestalten. Im letzteren Fall liegt die Wahl des Maßstabes in unserem eigenen Ermessen. Wir haben als Maßstab stets ein richtiges Stäbchen verwendet (vgl. *Abb. 17*), auf dem wir unsere eigene Einteilung vorgenommen haben, und zwar die eines Meters. Ein Meter kann ungefähr so lang sein wie ein Streichholz oder größer oder kleiner – das bestimmen wir selbst. Dieses Meterstäbchen, unseren Maßstab, unterteilen wir dann noch in einen halben und in einen Viertelmeter. Dieses Stäbchen ist die Voraussetzung für alle weiteren Arbeiten, denn an ihm sollen sowohl die Größen von Menschen und Tieren als auch die von Häusern und anderen Gebäuden abgemessen werden.

Als Material für die Gebäude in unserer Spiellandschaft benötigen wir leere Schachteln, Kartons, die von allerlei Verpackungen in der Regel

Das Meterstäbchen als einheitlicher Maßstab

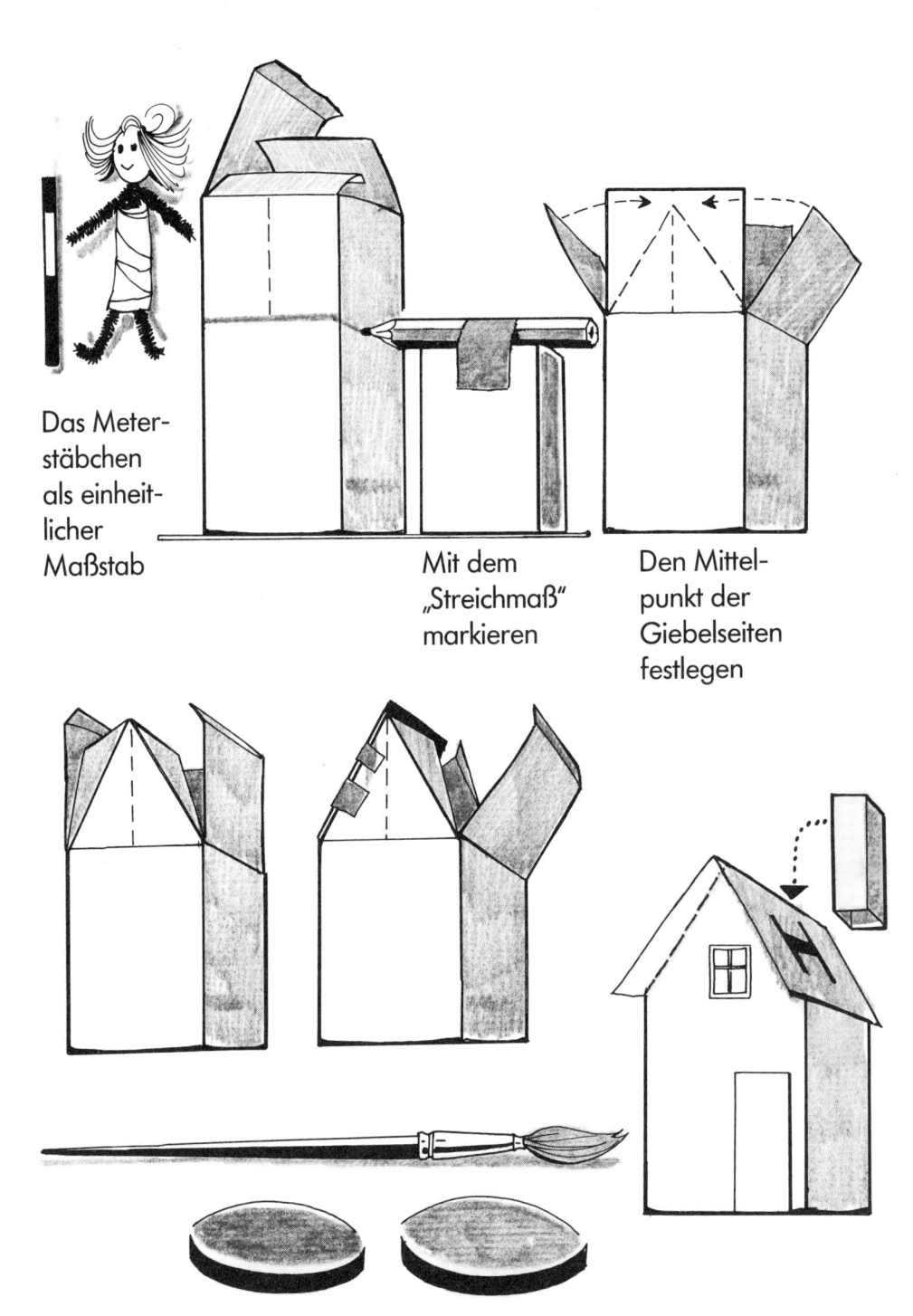

Mit dem „Streichmaß" markieren

Den Mittelpunkt der Giebelseiten festlegen

Abb. 17: Häuser aus Schachteln für Spiellandschaften.

übrigbleiben und die normalerweise weggeworfen werden. Deshalb sprechen wir vom Arbeiten mit Abfallmaterial.

Wie aus diesen Schachteln Häuschen gemacht werden können, zeigt Ihnen *Abb. 17.* Zur Anfertigung von Häusern eignen sich vorzüglich Schachteln und Kartons, die hoch sind, damit aus den Flächen gleichzeitig das Dach gefertigt werden kann. Wie auf unserer Zeichnung zu sehen ist, fertigen wir uns zunächst ein Streichmaß. (So wird dieses Werkzeug oder die Funktion dieses Werkzeuges im Handwerk bezeichnet.) Bei uns ist das nichts anderes als ein Bleistift, den wir so mit einem Klebestreifen auf eine andere Schachtel kleben und der durch ein Herumfahren um unser späteres Häuschen bewirkt, daß ein gleichmäßig hoher Strich auf dieser Schachtel entsteht.

Dann schneiden wir die Schachtel von oben an den Kanten ein. Auf den beiden Flachseiten sind nun die Dächer entstanden. Es ist hier geschickt, wenn wir diese Dächer zunächst einmal nach außen biegen, nachdem wir an dem Bleistiftstrich noch mit der stumpfen Seite einer Schere eine Delle angebracht haben, die bewirkt, daß dieser Strich gleichmäßig geknickt werden kann. Für die beiden Giebel ermitteln wir nun den Mittelpunkt der Giebelseiten. Hier müssen wir darauf achten, daß dieser Mittelpunkt etwas nach unten versetzt wird, weil ja die schrägen Flächen etwas an Höhe verlieren, das ist aus der Zeichnung ersichtlich. Von diesem Giebelpunkt ziehen wir nun zu den Hauskanten jeweils eine Linie und klappen die überstehenden Flächen nach innen ein. Diese Flächen werden nun mit Leim bestrichen und die beiden Dachflächen aufgesetzt. Es ist gut, wenn man die Teile aufeinanderpreßt, und zwar kann das mit Tesafilm sehr leicht geschehen. Den Klebestreifen können wir später leicht entfernen.

Für den Schornstein oder andere Aufbauten empfiehlt es sich, einfach zwei senkrecht laufende Ritze in das Dach zu schneiden und diese miteinander zu verbinden, also die Form eines H einzuschneiden und so lange anzuprobieren, bis der Schornstein sauber im Dach sitzt.

Kirchen und größere Gebäude stellt man zweckmäßigerweise aus mehreren Kartons her. Wie auf dem Foto zu sehen ist, sind Kirche und Kirchenschiff aus zwei unterschiedlichen Schachteln in der gleichen Weise gefertigt worden.

Nachdem das Haus eine Grundform erhalten hat, verfahren wir ähnlich wie bei der Anfertigung des Hintergrundes: Entweder wir bemalen das

66

Haus, oder wir bekleben es mit Buntpapier. Fenster und Türen sollten auf jeden Fall aufgeklebt werden, weil das ein besseres Aussehen ergibt und nicht so sehr viel Mühe bei der Bemalung macht, bei der man nicht immer die Hand gut auflegen kann.

Unsere Spiellandschaft kann nun vervollständigt werden. Da sind zunächst einmal Verkehrszeichen, die sehr leicht herzustellen sind. Wir brauchen lediglich das benötigte Zeichen in entsprechender Größe auf weißes Zeichenpapier zu zeichnen. Für diese Zeichnerei eignen sich vorzüglich einfache Filzstifte. Dann kleben wir dieses Verkehrszeichen mit der Rückseite auf ein Holzstäbchen; hierzu kann man sehr gut Schaschlikstäbchen verwenden, die in jedem Papiergeschäft erhältlich sind. Um das Verkehrszeichen standfest zu machen, stecken wir es einfach in ein Garnröllchen. Sollte sich herausstellen, daß die Bohrung in dem Garnröllchen wesentlich größer ist als der Umfang des Schaschlikstabes, so kann man einige Pappstreifen, mit Leim versehen, nachschieben und erhält so einen festen Standfuß. In gleicher Weise lassen sich Straßenlaternen herstellen, bei denen lediglich statt des Verkehrszeichens ein kleines Schächtelchen auf den Schaschlikstab gespießt wird, das wir dann entsprechend bemalen können.

Püppchen aus Draht

Natürlich braucht die Landschaft auch Menschen, also kleine Püppchen. Wenn Sie von vornherein nicht von vorgegebenen, also von industriell hergestellten oder von vorhandenen Püppchen ausgegangen sind, besteht ohne weiteres die Möglichkeit, daß Sie diese auch selbst fertigen (*Abb. 18*). Erforderlich dazu ist ein Stück Draht, das je nach Größe des Püppchens abgemessen werden sollte.

Zu allen Arbeiten mit Draht muß hier etwas Grundsätzliches gesagt werden: Es ist unbedingt erforderlich, daß der Draht an seinen abgeschnittenen Enden sofort umgebogen wird, daß also eine kleine Schlaufe entsteht, damit Unfälle verhütet werden. Man sollte dies gleich nach dem Abschneiden des Drahtes vornehmen, damit es später nicht vergessen wird und nie die Gefahr besteht, daß man sich an spitzen Drahtenden verletzt.

Wir haben für Püppchen, die ungefähr 10 bis 12 cm groß sind, jeweils einen Meter einfachen Eisendraht, nicht stärker als 1 mm, gebraucht. Dieser Draht wird zunächst an den Enden wieder umgeknickt und dann in der Mitte eingebogen und noch einmal gedreht, so daß ein Doppelbogen entsteht, ähnlich wie wir ihn von der Sicherheitsnadel her kennen. Dieser Doppelbogen wird später das Köpfchen unseres kleinen Püppchens ausmachen. Nun wird der Hals zweimal verdrillt, das heißt, man dreht die Drähte umeinander, so daß ein Halt entsteht, und dann wird die Länge der Arme festgelegt, die in einem ordentlichen Verhältnis zum Kopf stehen sollte. Achten Sie darauf, daß die Arme nicht zu kurz werden, denn wir brauchen ja vorne die Spitzen später als Händchen. Beide Drähte werden in einer Richtung hin- und hergebogen, wie es auf unserer Zeichnung ersichtlich ist, und dann wird zunächst der Körper gedreht. Denken Sie bei der Körperlänge daran, daß die Arme so lang sind, daß sie später, wie beim erwachsenen Menschen, bequem die Hosentaschen erreichen.

Wenn die Körperdrähte miteinander verdreht worden sind, werden die Beine, ebenfalls wie auf unserer Zeichnung, in gleicher Weise gebogen, also beide Drähte bleiben noch nebeneinander. Wir können davon ausgehen, daß die Beinlänge ungefähr so lang sein sollte wie der Ansatz von den Leisten bis zum Kopf, also bis zum Scheitel. Nachdem das geschehen ist, haben wir die Maße für unser Püppchen festgelegt, und nun klappen wir beide Drähte auseinander und verdrehen sie jeweils, so daß am Ende der Arme eine Öse entsteht, die wir später zum Aufkleben der Händchen benötigen, und daß bei den Beinen ebenfalls unten die Füße entstehen, die wir für die Schuhe brauchen. Der jetzt überflüssige Draht, der von den Beinen zurückgekommen ist, wird um den Rumpf gedreht, um dem Rumpf etwas mehr Dicke zu geben.

Wenn das geschehen ist, hat das Püppchen bereits seine Gestalt angenommen. Es gilt nun, das spröde Drahtskelett mit Fleisch zu umkleiden. Das kann dadurch geschehen, daß wir Stoffstreifen verwenden, die ruhig an den Seiten gerissen sein können. Das hat den Vorteil, daß bei der erforderlichen Beschichtung mit Leim (der Stoff muß ja halten und darf auf dem Draht nicht rutschen) alles gut ineinandergedrückt werden kann, so daß eine möglichst klare Flächenführung entsteht. Das gleiche läßt sich auch mit Tesa-Klebeband bewirken, das auch in Hautfarbe auf dem Markt ist. Man kann darüber hinaus auch hingehen und das Umwickeln mit Wolle

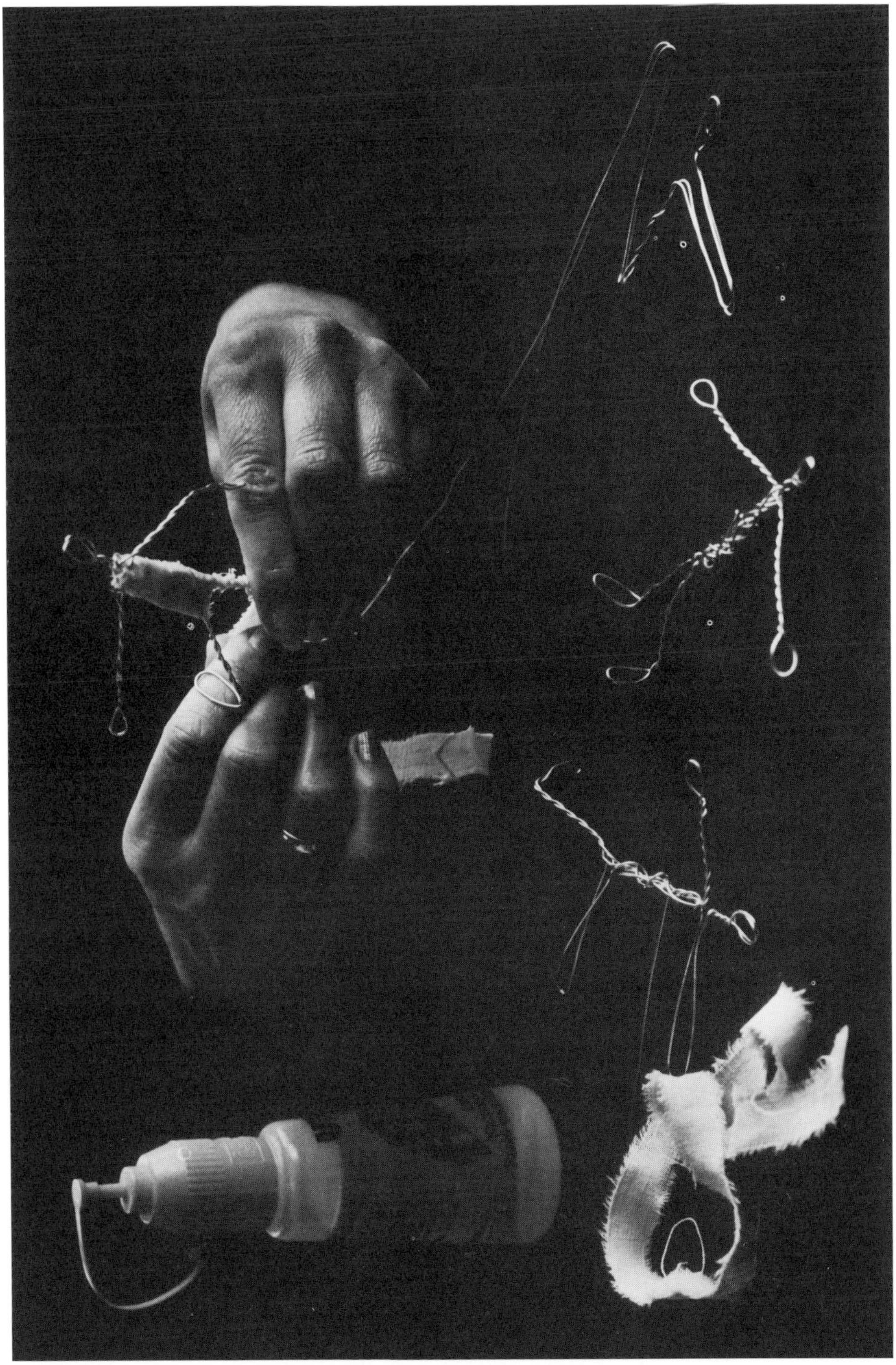

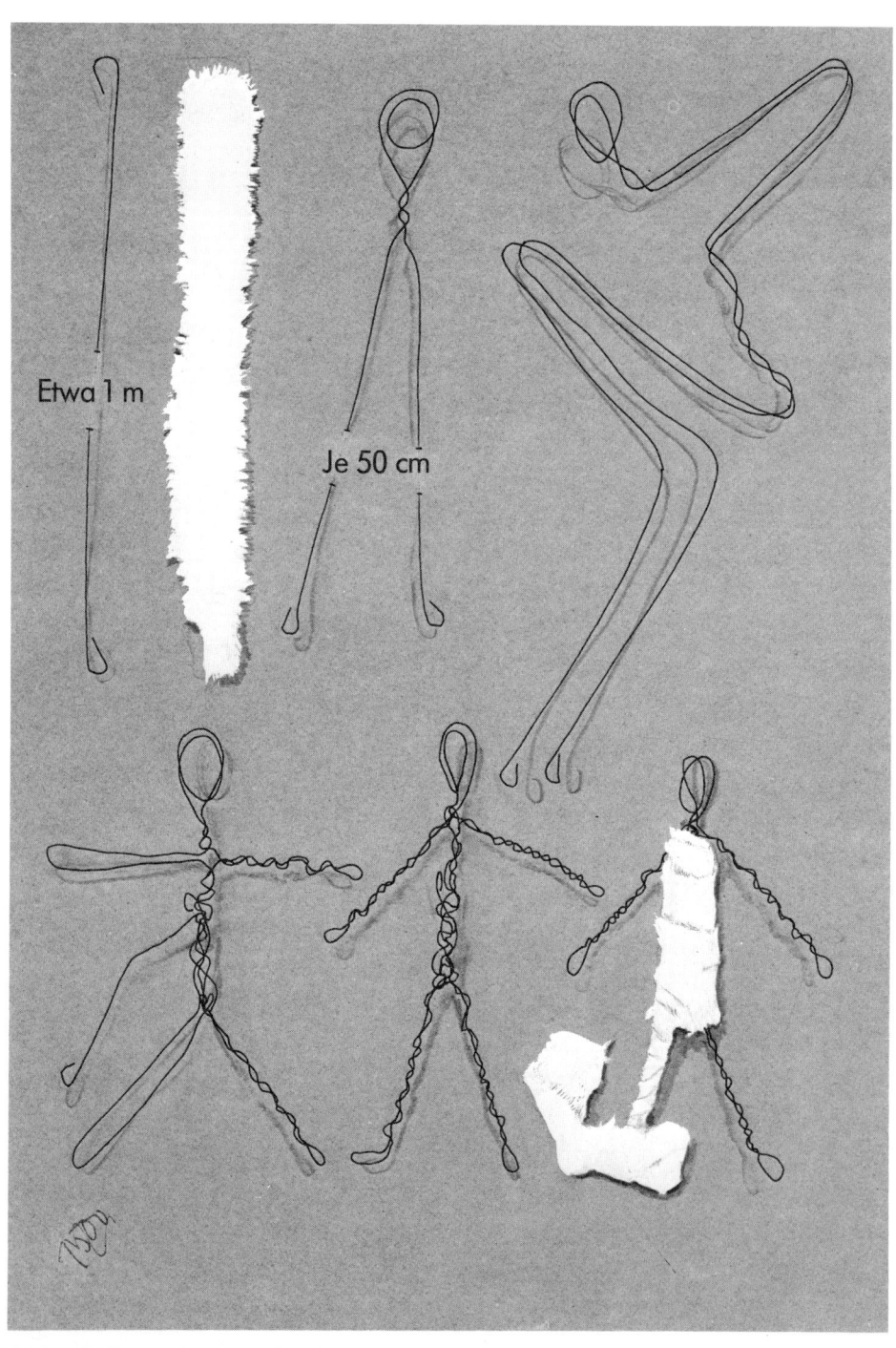

Abb. 18: Püppchen aus Draht.

oder dickem Garn vollziehen. Es findet sich eine Menge Techniken, die sich verwirklichen lassen.

Wenn das Püppchen soweit fertig ist, gestalten wir den Kopf. Auch hier gibt es unterschiedliche Möglichkeiten. Zum einen lassen sich verschiedene Modelliermassen, die an der Luft trocknen, verwenden. Zum anderen ist es möglich, auch mit dem Tesaband oder unseren Stoffstreifen das Köpfchen so auszustopfen und zu umwickeln, daß es eine hübsche plastische Form bekommt. Zum dritten böte sich an, vorgefertigte Kügelchen zu verwenden. Zu dem Zweck müßte dann allerdings die Drahtschleife abgeschnitten werden, so daß sich in die zwei nach oben ragenden Drahtspitzen Styropor- oder andere Kugeln einspießen lassen. Wir haben das letztere Verfahren nicht gern gebraucht, weil die Köpfchen meist während der Spielvorgänge abgingen.

Das Ankleiden der Püppchen ist eine besondere Aufgabe, die auch für den Laien gar nicht so schwer ist, wie es zunächst den Anschein haben mag. Man kann die Stoffe, die die Kleidung des Püppchens darstellen, ausschneiden, jeweils in Streifen oder in Flächen, und wir kleben sie dann seitwärts so zusammen, daß ein festes Gewand entsteht. Es muß hierzu nicht unbedingt die Fertigkeit in der Handhabung mit Nadel und Faden vorhanden sein oder gar die Fertigkeit, Garderobe in schneidermäßiger Weise vorzuarbeiten, um die Püppchen dann anzuziehen.

Zur Not läßt sich die Garderobe sogar aus weichem Papier, wie zum Beispiel Kreppapier, aufbringen. Das ist eine Empfehlung, die besonders für kleinere Figürchen gilt, bei denen Stoff häufig eine zu starre Form ergeben würde.

Die Haare lassen sich aus Wollresten oder aus Garnen sehr leicht herstellen. Sie werden einfach aufs Köpfchen geklebt, und mit den Schuhen verfahren wir ähnlich wie mit den Händen, indem wir sie einfach aus zwei Stücken Papier fertigen, die von unten und oben auf die vorhandenen Drahtschlaufen geklebt werden.

Auch hier soll unser Vorschlag lediglich der Anregung dienen. Alle zusätzlichen Dekorationen und Ausschmückungen sind selbstverständlich ganz in Ihr Ermessen gestellt, und Sie werden mit Sicherheit Ideen haben, wie diese Dinge noch bunter und noch schöner und noch lebendiger gestaltet werden können.

Bäume für die Landschaft

In jede Landschaft gehören Bäume. Man kann diese Spielbäumchen aus natürlichem Material herstellen, etwa aus kleinen Ästen oder aus den Zweigen vom Heidekraut oder Ginster. Nur haben diese aus natürlichem Material hergestellten Bäume den Nachteil, daß sie im trockenen Zustand doch leicht brechen. Wir haben uns deshalb entschlossen, unsere Bäume aus Draht anzufertigen (*Abb. 19*). Dazu haben wir einen einfachen Eisendraht von 1 mm Stärke genommen, und zwar jeweils in Längen von 50 cm, wie es aus der beigefügten Tafel ersichtlich ist.

Der abgeschnittene Draht (nicht vergessen: Enden umbiegen) wird in der Mitte umgeknickt, so daß ein langgestreckes U entsteht. In der Regel benötigen wir zur Herstellung eines Baumes drei solche U-förmigen Drahtstücke. Diese werden ungefähr 5 cm oberhalb der unteren Schlaufe miteinander verdrillt, wie es auch aus der Zeichnung ersichtlich ist. Diese unten stehengebliebenen Schlaufen biegen wir später auseinander und haben so einen Dreifuß, der Wurzelwerk darstellen kann und auf dem die Bäume recht sicher stehen können.

Die obere Hälfte der Drähte biegen wir auseinander, so daß ein natürlich anmutendes Astwerk entsteht. Nun werden, mit den Spitzen beginnend, die einzelnen Wurzelelemente mit Tesaband umwickelt. Wir haben dazu braunes Band genommen, damit die natürliche Farbe gleich vorhanden ist. Zur Herstellung von Birken würde sich natürlich weißes Band eignen. Die Umwicklung mit dem Tesaband geht jeweils bis zum Beginn der Zweige, dort wird das Band einfach verdreht. Es haftet vorzüglich.

Die Zweige selbst werden grün umwickelt, und zwar in Hinsicht auf die Form, in der das Laubwerk dargestellt werden soll. Hierzu benötigen wir Kreppapier, das wir zunächst in schmale Streifen schneiden und aufrollen, wonach wir diese kleinen Röllchen einseitig einschneiden, wie es auch aus der Zeichnung ersichtlich ist, das heißt, es entsteht durch dieses Einschneiden eine Art Pinsel. Dann rollen wir diese Röllchen wieder ab und beginnen nun jeweils an der Spitze des Zweiges die Drähte mit diesem Kreppapier zu umwickeln. Um die Angelegenheit haltbar zu machen, empfiehlt es sich, schon von der Spitze an jeweils einen Tropfen Alleskleber hinzuzufügen. Das gibt dem Laubwerk den notwendigen Halt, der auch langes Spielen überdauern wird.

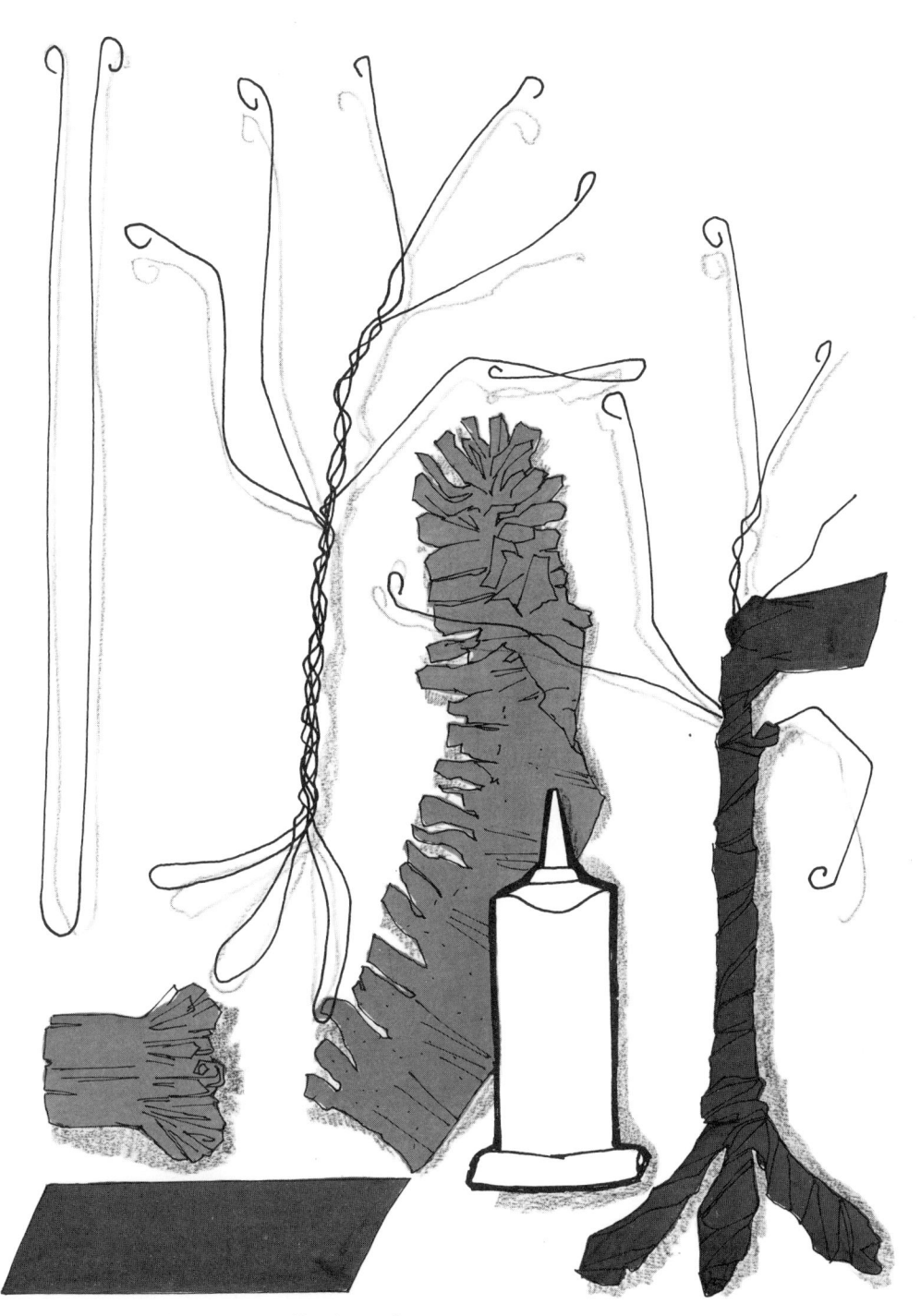

Abb. 19: Spielbäume aus Draht geformt.

Wenn die Äste so bis zu den braunen Ansätzen gewickelt sind, bleibt lediglich die Aufgabe, den Baum in eine möglichst natürliche Form zu bringen. Das geschieht durch einfaches Auseinanderbiegen und durch Herrichten der Äste.

Selbstverständlich lassen sich auch größere und stärkere Bäume anfertigen, nur muß dann zu Beginn der Arbeit nicht von drei Doppeldrähten ausgegangen werden, sondern man kann vier, fünf oder eine beliebige andere Anzahl hierfür nehmen.

Für kleinere Bäumchen, die etwa bis zu 10 cm Höhe reichen sollen, empfiehlt es sich, einen schwächeren Draht, etwa Blumendraht, wie er in Gärtnereien erhältlich ist, zu verwenden.

Die Form der Begrünung, also des Laubwerkes an unseren Bäumen läßt sich natürlich auch durch andere Materialien herstellen und ebenso verändern. So haben wir für die Kronen von Trauerweiden und auch von Birken gerne Wolle gebraucht, die schon einmal verstrickt und dann wiederum aufgeribbelt worden ist. Diese Wolle hat eine in sich geribbelte Struktur. Man kann diese Fäden ebenfalls bündchenweise an die Zweige kleben, so daß jeweils Enden überhängen, die dann nach unten hängen und so den Charakter der Trauerweide oder auch den von Birken in besonderer Weise bestimmen.

Darüber hinaus ist Ihrer Fantasie in keiner Weise eine Grenze zu setzen, es wird mit Sicherheit Materialien geben, die Sie für geeignet halten, sowohl die Bäume zu begrünen als auch die Rinde in besonderer Weise zu gestalten.

Ein Zoo entsteht

Von der Spiellandschaft zu einem Spielzoo ist es nur ein kleiner Schritt. Wir haben für den Zoo als Hintergrund eine einfache Baumkulisse gewählt, die sich auch für andere Spielarten sehr gut eignet.

Die einzelnen Zoogebäude können den bereits bekannten Häuschen nachgebildet werden. Nur ist dann darauf zu achten, daß sie dem jeweiligen Tiergehege entsprechen. Türen und Fenster verlieren jetzt ihre Wichtigkeit. Statt dessen ist es gut, wenn große Tore geschaffen werden, das heißt,

75

wenn man die Seiten der Häuschen aufschneidet, damit die Tiere ungehindert ihren Zugang haben. Wir haben auf unserem Foto solch ein Häuschen dargestellt, bei dem der Ausschnitt gleichzeitig als Vordach dient. Dadurch wird den Spieltieren die Möglichkeit gegeben, sowohl ihre Behausung als auch das Freigehege aufzusuchen.

Das Freigehege können wir in einer relativ leichten Weise darstellen, und zwar, indem wir für die Gitter einfach Wellpappstreifen und Schaschlikstäbe verwenden (*Abb. 20*). Die Wellpappe muß dabei so geschnitten sein, daß der Schnitt im rechten Winkel zu den Rillen der Wellpappe verläuft, so daß man beim Blick auf diese Streifen eine Vielzahl von Löchern vor sich hat. In diese Löcher werden nun in regelmäßigem Abstand Schaschlikstäbe eingeführt, die jeweils einen Tropfen Leim erhalten, damit sie fest in der Pappe sitzen. Wenn am unteren und oberen Rand der Schaschlikstäbe jeweils ein schmaler Pappstreifen ist, haben wir ein ungefährliches Gitter in der Hand, das den Vorteil hat, sich seitwärts knicken zu lassen, wie es ebenfalls aus dem Foto ersichtlich ist, um die unterschiedlichsten Gehege damit aufzubauen.

Hier sei ein Vorschlag vorweggenommen: Diese Gitter lassen sich auch bei den später noch beschriebenen Puppenhäusern sehr gut verwenden, und zwar als Treppengeländer. Da ist es dann lediglich notwendig, daß die Wellpappstreifen in leichter Neigung zu den Rillen geschnitten werden, das heißt, daß die eingeführten Stäbchen senkrecht sind, wie es aus unserer Zeichnung ersichtlich ist, und daß dann aus beliebigen Schächtelchen Treppen vor dieses Geländer geklebt werden können.

Auf unserem Foto sehen Sie einen achteckigen Pavillon inmitten der Zoogehege, der sehr viel Freude bereitet und ganz einfach herzustellen ist. Wir haben hierzu eine achteckige Pralinenschachtel verwendet, bei der Boden und Deckel lediglich durch leicht eingeknickte Pappstreifen miteinander befestigt worden sind. Damit die Anfertigung solch eines Pavillons dem Anfänger nicht zu viele Schwierigkeiten macht, seien hier einige Hinweise gegeben. Zunächst haben wir in entsprechender Höhe, also in der Höhe, die der Pavillon später haben soll, Pappstreifen geschnitten und in der Mitte leicht angeknickt. Dann haben wir diese Streifen unten mit Kleber versehen und jeweils von beiden Seiten mit einfachen Wäscheklammern an den Boden des Pavillons geheftet. Man muß schon ein wenig darauf achten, daß diese Pappstreifen, die ja später die Säulen des Pavil-

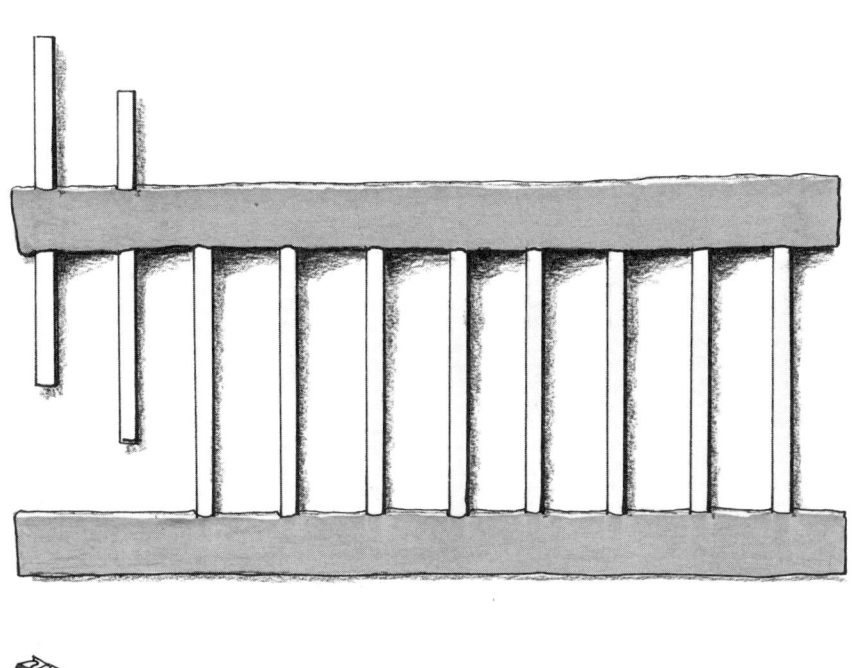

Abb. 20: Gitter für den Zoo und Treppengeländer für das Puppenhaus – aus Wellpappestreifen und Schaschlikstäben.

lons sind, senkrecht stehen. Wenn alle acht Säulen senkrecht stehen, werden sie an der oberen Kante mit Kleber versehen, dann wird der Deckel der Pralinenschachtel von oben aufgesetzt, und die jeweiligen Klebestellen werden auch wieder mit Wäscheklammern angepreßt. So ist die gesamte Herstellung letztendlich eine relativ einfache Angelegenheit. Auf das Dach unserer Pralinenschachtel haben wir Buntpapier geklebt, damit der ursprüngliche Aufdruck verdeckt ist.

Wenden wir uns nun dem eigentlichen Inhalt eines zoologischen Gartens zu, nämlich den Tieren. Hier soll mit den Vögeln begonnen werden. Wir haben als Muster einen kleinen Hahn gefertigt (*Abb. 21*), von dem alle anderen Vögel abgeleitet werden können. An Material brauchen wir einen Pfeifenreiniger, ein Stück roten Klingeldraht, einen Mantelknopf, der an der Sichtseite eine Vertiefung haben muß, ein kleines Stückchen Pappe, das wir von beiden Seiten rot färben, und ein Federchen.

Zunächst wird der Pfeifenreiniger so gebogen, daß er in der Mitte umgeklappt wird, und aus dieser umgeklappten Mitte wird ein nach unten gebogenes Häkchen geformt. Dann wird das übrige Stück so um den Finger gewickelt, daß eine Halbrundform entsteht. Nun knicken wir auch den Klingeldraht in der Mitte durch, daß er die Form einer Haarnadel bekommt. Wir legen diesen Klingeldraht um die vordere Hälfte des Halbrunds aus dem Pfeifenreiniger und wickeln nun an jeder Seite zweimal diesen Klingeldraht über den Pfeifenreiniger. Wir sehen schon, daß die Grundform eines Vogels entstanden ist. Nun rollen wir die beiden offenen Enden des Pfeifenreinigers ein und schneiden dann aus der roten Pappe nach dem beigefügten Muster den Schnabel und den Kamm des Hähnchens aus. Mit einem Tropfen Leim versehen, setzen wir in die Schlinge des Pfeifenreinigers das Schnäbelchen mit dem Kamm ein. In die Halbrundung wird das Federchen als Hahnenschwanz ebenfalls mit einem Tröpfchen Leim eingeklebt. Es bleibt uns jetzt noch, die beiden roten Füße in die hinteren Löcher des Mantelknopfes zu führen und durch die vorderen Löcher wieder nach oben. Wenn wir sie, diese beiden Drähte, nun nach hinten biegen, hat unser Hähnchen sogar gut sichtbare Füße. Wir merken jetzt, warum der Mantelknopf hohl sein mußte, weil durch den durchgeführten Draht die Standfestigkeit nicht gegeben wäre, wenn es sich um einen flachen Knopf gehandelt hätte. Sicherheitshalber und um die Standfestigkeit zu erhöhen, verkleben wir die Drähte im Mantelknopf mit einem Tropfen Alleskleber. Mit diesem Muster-

Abb. 21: Vögel aus Pfeifenreinigern und Draht – ein Hahn als Muster.

typ lassen sich alle möglichen anderen Vögel herstellen. So kann durch Verlängerung der Beine und durch Anbringen einer bunten Feder und vor allem eines langen Schnabels ein Storch oder ein Flamingo entstehen. Kleine Hühnchen lassen sich in ähnlicher Weise herstellen. Nur würde man dann Federchen benutzen, die kurz und senkrecht hochstehen, weil ja Hühnchen keinen geschwungenen Hahnenschwanz haben. So lassen sich durch seitliches Einstecken auf beiden Seiten gespreizte Flügel herstellen. Auch hier ist wiederum dem Erfindungsreichtum keine Grenze gesetzt.

Wenden wir uns nun anderen Tieren zu. Aus Pfeifenreinigern lassen sich alle möglichen Tiere fertigen (*Abb. 22*). Für den Grundtyp eines Säugetieres benötigen wir zwei Pfeifenreiniger, die wir zunächst in drei gleich große Teile teilen und jeweils an einem Drittel miteinander verdrillen. Die jeweils freien Enden sind später die Füße des Tieres, das Mittelstück wird der Rumpf sein.

Für den Kopf nehmen wir einen Pfeifenreiniger, mit dem wir so verfahren, daß wir zunächst zwei Schlingen und zwei überstehende Enden haben. Diese überstehenden Enden werden die Ohren, aus den zwei Ösen erhalten wir durch Übereinanderlegen den Kopf. An die untere dieser beiden Ösen drillen wir nun einen zusätzlichen Pfeifenreiniger, der den Hals des Tieres bilden wird. Dieser Hals wird nun mit dem Rumpf verbunden, und durch Verdrillen entsteht ein Rumpf, der nunmehr die Stärke von drei Pfeifenreinigern hat. Das letzte Ende bleibt als Schwanz des Tieres übrig. Es bleibt uns jetzt nur noch, das Tier in die richtige Form zu bringen, um ein hübsches Spielzeugtier zu bekommen.

Wenn wir Häschen basteln wollen, empfiehlt es sich, die Ohren entsprechend länger zu machen. Es kann sein, daß auch bei einigen Tieren noch ein oder zwei zusätzliche Pfeifenreiniger so um den Rumpf geschlungen werden, daß der Rumpf an Dicke zunimmt. Für Giraffen müßte der Hals entsprechend verlängert werden, und alle anderen Tiere sollten jeweils nach ihrer Eigenart ihr charakteristisches Aussehen durch entsprechendes Anbringen von zusätzlichen Pfeifenreinigern bekommen.

Eine andere Technik für die Herstellung von Tieren haben wir bei den Tieren angewendet, die auf unserem Foto zu sehen sind. Hier sind es Tiere, die als Inhalt ein Drahtgestell haben, ähnlich wie bei den Püppchen, deren Anfertigung wir vorhin beschrieben.

Dieses Drahtgestell kann je nach Größe des Tieres unterschiedlich lang

Abb. 22: Tiere für den Zoo – der Grundtyp des Säugetiers aus zwei Pfeifenreinigern.

sein. Auf der Zeichnung (*Abb. 23*) haben wir einen Draht in der Länge von ungefähr 1 m gebraucht. Diesen Draht haben wir zunächst in der Mitte umgeschlagen, so daß er doppelt liegt. Die beiden spitzen Enden sind wiederum umgebogen worden und nach einigen Zentimetern miteinander verdrillt. Dieser verdrillte Draht wird jetzt als Kopf des Tieres gebraucht und wird gleich weiter zum Hals und zur Brust. Dann wird er einzeln zusammengedreht. Dadurch entstehen die Vorderfüßchen des Tieres. Der Rumpf wird wiederum gedreht, bis er die entsprechende Länge hat, und dann werden die Hinterfüße in gleicher Weise wie die Vorderfüße hergestellt. Die überflüssige Schlaufe wird nunmehr dazu gebraucht, dem Rumpf die entsprechende Dicke zu geben, das heißt, es wird zurückgewickelt in Richtung des Köpfchens und noch einmal nach hinten. Das jetzt noch überflüssige Ende bildet dann das Schwänzchen des Tieres.

Dieses Drahtgestell können wir nun mit Tesa-Klebeband umwickeln. Mit zwei getrennten Stücken werden zunächst die Ohren beklebt. Dann wird am Schnäuzchen begonnen, der Kopf und der Hals gewickelt, ebenfalls werden wiederum mit zwei Stücken die jeweiligen Vorderpfötchen von der Spitze zum Rumpf gewickelt. Die überflüssigen Enden landen jeweils beim Rumpf. Auch mit den Hinterfüßen wird in gleicher Weise verfahren. Hier haben wir Tiere, die angenehm anzufassen sind und die alle Bewegungen, die das Spiel jeweils erfordert, mitmachen.

Für den Elefanten haben wir zunächst die Überstände der Ohren recht lang stehenlassen, damit zwei größere Bogen den Halt für die später flächigen Ohren abgeben. Beim Kopf haben wir zunächst den Draht einmal um sich selbst geschlungen und dann einen Draht nach unten geführt und wieder zurück, der den Rüssel versteifen soll. Erst dann sind wir mit beiden Drähten zur Brust des Tieres und zu den Vorderbeinen gegangen. Der Rumpf und die Hinterbeine sind dann in ähnlicher Weise gefertigt worden. Bei Elefanten und massiveren Tieren empfiehlt es sich wohl, diese Tiere zunächst aufzufüllen, das heißt, mit dünnem Papier zu umkleben. Die dünnen Papiere, es können Papierservietten, Tempotaschentücher oder Toilettenpapiere sein, halten dann sehr gut, wenn wir sie mit einfachem Kleber fest umstreichen.

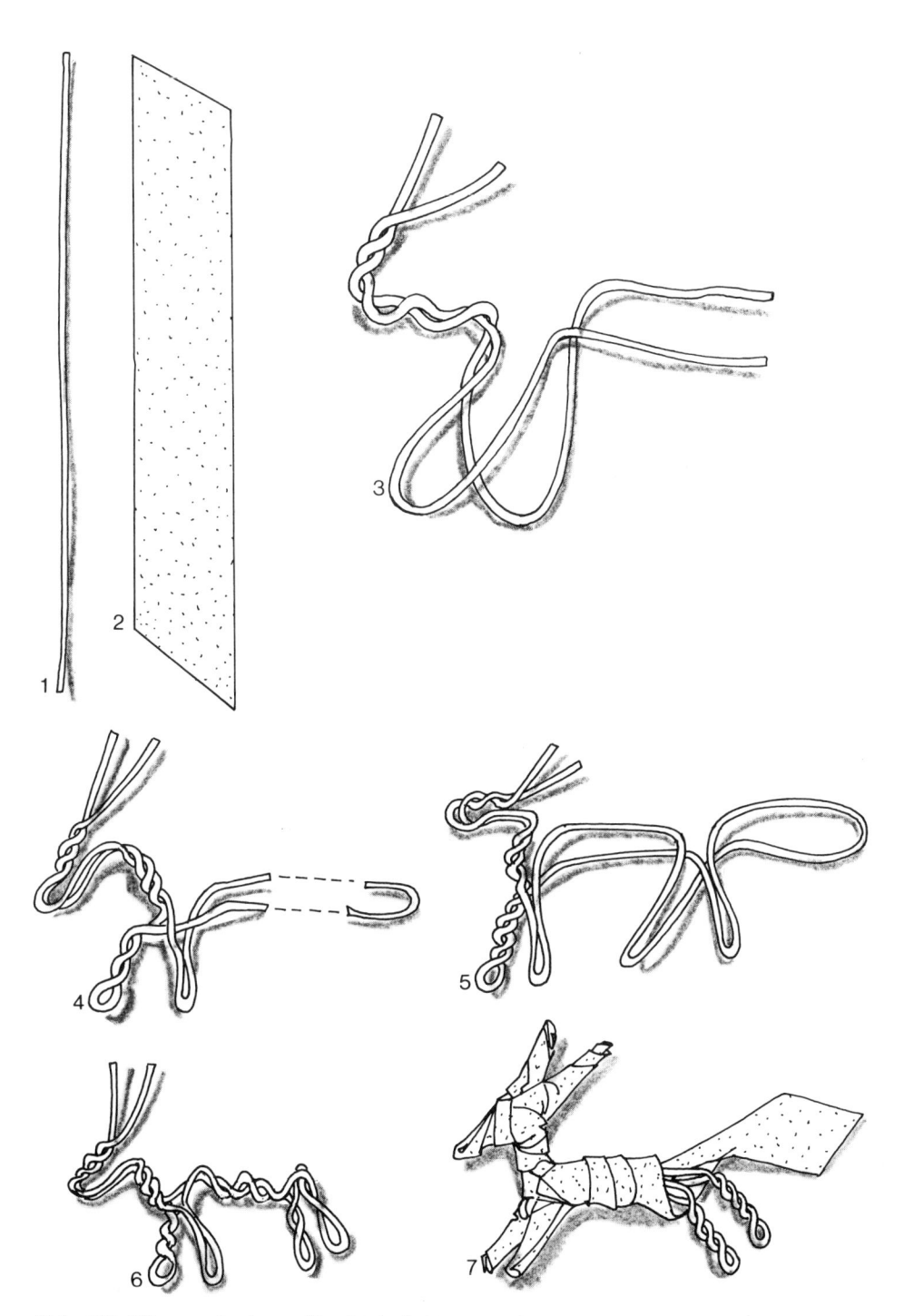

Abb. 23: Tiere mit einem Drahtskelett.

Ein Bauernhof wird gebaut

Die Grundplatten und auch der Hintergrund unseres Zoos sind in der Regel auch geeignet für die Spiellandschaft mit einem Bauernhof. Für das Bauernhaus wird man sich in der jeweiligen Landschaft, in der man selbst lebt, ein entsprechendes Vorbild wählen. Die Grundart der Herstellung des Hauses ist wie bei den Häusern der Spiellandschaft. Nur müssen jetzt landschaftliche Eigenarten berücksichtigt werden.

Bei norddeutschen Bauernhäusern, die früher mit Stroh gedeckt waren und gelegentlich noch heute in dieser Art hergestellt werden, empfiehlt es sich, das Strohdach in der Weise anzufertigen, daß wir getrocknete Gräser, die überall zu finden sind, auf lange Pappstreifen legen und aufkleben. Diese Gräser werden oben passend zum Pappstreifen abgeschnitten, unten sollten sie ein Stückchen überstehen. Wenn wir eine Vielzahl solcher Pappstreifen gefertigt haben, kann man sie so übereinanderlegen, daß jeweils das untere Ende etwas überstehen bleibt. Auf diese Weise erhalten wir ein hübsch aussehendes Strohdach (*Abb. 24*).

Bei süddeutschen Häusern, die vorwiegend mit Schindeln gedeckt waren, lassen sich ebenfalls aus Pappstreifen diese Schindeln fertigen, die im einzelnen mit einem Filzstift noch besonders betont werden können. Diese Pappen werden ebenfalls so übereinandergeklebt, und zwar immer unten an der Dachkante beginnend, daß hinterher der Eindruck von sehr hübschen Schindeln entsteht (*Abb. 24*).

Selbstverständlich kann man auch, wie wir es auf unserem Foto zeigen, das gesamte Dach nur mit Farbe und Pinsel herstellen. Das erfordert nicht so viel Zeit und Aufwand wie die anderen Herstellungsweisen. Auf unserem Foto haben wir einen westfälischen Bauernhof dargestellt, der mit seinem großen Delentor Wagen aufnehmen kann. Das Tor ist durch ein Einschneiden in den Karton entstanden.

Die Herstellung für die Bäume des Hofes haben wir bereits beschrieben, auch die Weise, in der Tiere und auch Gitter gefertigt werden, so daß mit den jetzt vorhandenen Kenntnissen ein Bauernhof leicht zu erstellen sein wird.

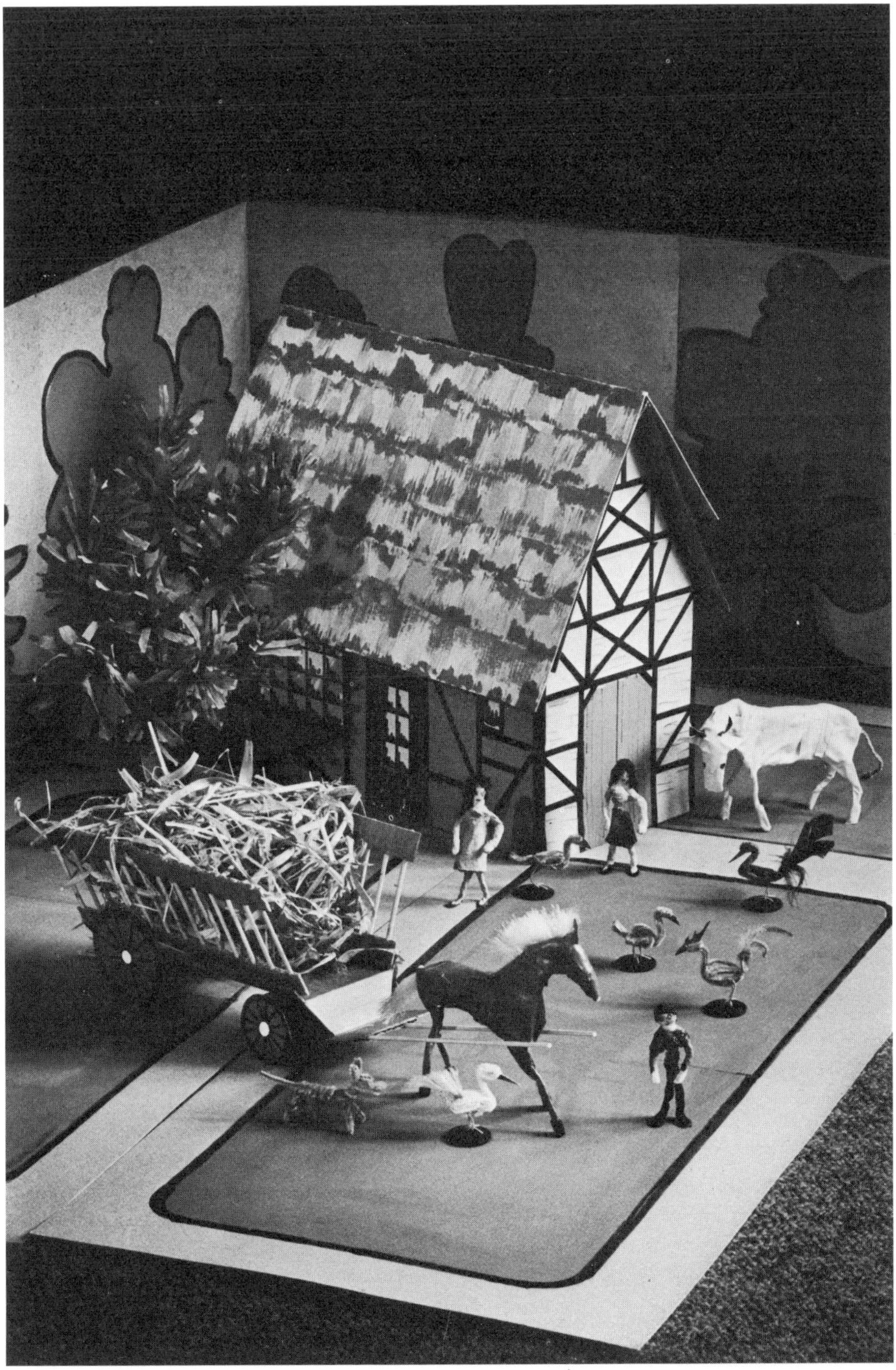

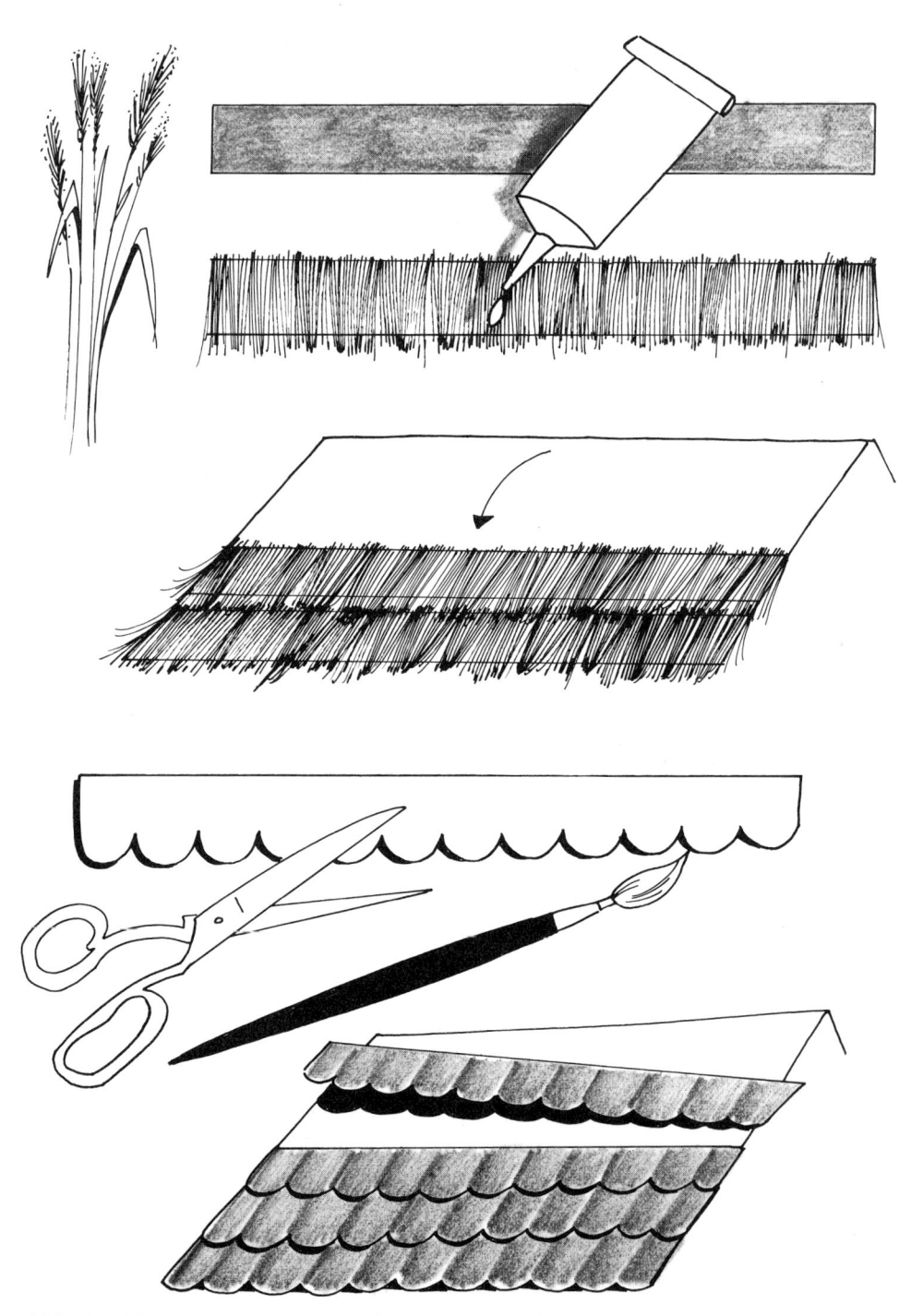

Abb. 24: Wirkungsvolle Dächer für Bauernhöfe: Strohdach und Schindeldach.

Eine Puppenstube – selbst gefertigt

Auch bei dem folgenden Vorhaben, eine Puppenstube selbst herzustellen, seien einige Gedanken vorweggeschickt. Auch diese Arbeit hat letztendlich nicht nur den Zweck, den eigenen Spieltrieb zu befriedigen, es ist vielmehr daran gedacht, diese, wie alle anderen Arbeiten, möglichst im Beisein und mit der Mitarbeit von Kindern zu vollziehen. Dabei ist zu überlegen, welche Arbeiten jeweils von den Kindern ausgeführt werden können, welche Handgriffe die betreffenden Kinder bereits beherrschen, um möglichst Mißerfolge zu verhindern. All diese Arbeiten eignen sich vorzüglich für Situationen, in denen ältere Menschen um die Beaufsichtigung von Kindern gebeten worden sind. Gerade hier ist die Möglichkeit gegeben, vorgegebene Zwangssituationen durch interessante Betätigung dahin gehend zu beeinflussen, daß auch ein späteres Miteinander entstehen kann.

So sollte bei all diesen Bastelvorgängen immer darauf geachtet werden, daß der Kreis nach außen hin offenbleibt, daß die Mutter, die gerade einige Stoffläppchen herausgesucht hat, mit angesprochen wird, daß der Vater mit in den Kreis des Spiels einbezogen wird und daß auch fremde Kinder oder zufällig anwesende Gäste mit angesprochen werden. Je größer der Kreis ist, um so größer ist die Freude, die beim gemeinsamen Schaffen entstehen wird.

Die Herstellung einer Puppenstube oder eines Puppenhauses bereitet weit weniger Schwierigkeiten, als es den Anschein haben mag. Wir haben zunächst einen passenden Karton so zugeschnitten, daß sowohl der Deckel als auch eine Seitenwand, und zwar auf der Längsseite, mit dem Messer ausgeschnitten worden sind. Die Kanten lassen sich mit der Schere entsprechend glattschneiden. Dann haben wir in die Rückwand Löcher eingeschnitten, die die späteren Fenster darstellen sollen.

Der nächste Arbeitsgang ist nun, das Haus von allen Seiten zu tapezieren. Hier lassen sich sehr gut Einwickelpapiere als Tapeten verwenden, aber auch Ausschnitte aus illustrierten Zeitungen bieten oft sehr gute Bastelpapiere. Wer darüber hinaus etwas tun möchte, kann in Tapetengeschäften ausgesprochene Puppenstubentapeten käuflich erwerben.

Die Fenster lassen sich in unterschiedlicher Weise gestalten. In der Regel genügt es, wenn mit Gardinenresten oder anderen Stoffresten hübsche Vorhänge innerhalb des Zimmers angebracht werden. Man kann ein übriges tun und die Fenster mit durchsichtiger Folie auskleben, Fensterkreuze anbringen oder auch Fensterbänkchen, auf die dann selbstgebastelte Blumentöpfchen gestellt werden können.

Die Anfertigung der Möbel bereitet uns wenig Schwierigkeiten, wenn wir als Bauelemente kleine Schachteln verwenden (*Abb. 25*). Wir haben hier zunächst den Werdegang eines Wohnzimmers vorgestellt. Dazu fertigen wir aus jeweils vier Streichholzschachteln Sessel, wobei zunächst die Streichholzschachteln zusammengeklebt werden, um das Ganze hernach mit farbigem Stoff zu bekleben. Für ein Sofa oder eine Couch werden zwei Streichholzschachteln mehr gebraucht, damit die entsprechende Größe entsteht. Einen kleinen Tisch, der zwischen diese Sitzmöbelgruppe gestellt werden kann, erhalten wir dadurch, daß wir zunächst zwei Streichholzschachteln nebeneinanderkleben und eine dritte als Fuß daruntersetzen. Auch beim Tisch ist es so, daß die Schachteln im nachhinein mit farbigem Tesaband umklebt werden können und eine Tischplatte aus entsprechend bunter Pappe angebracht wird, oder wir bekleben alles einfach mit Buntpapier.

Ein runder Tisch ließe sich so herstellen, daß wir als Ständer ein entsprechend hohes Garnröllchen nehmen, auf dessen Oberseite eine runde Pappscheibe aufgeklebt wird. Hohe Garnröllchen eignen sich auch vorzüglich als Blumenständer, auf denen dann aus Krepp- oder Seidenpapier gefertigte Blümchen aufgeklebt werden können.

Einen Schreibtisch erhalten wir in der Weise, daß jeweils drei Streichholzschächtelchen aufeinandergeklebt werden. Diese beiden Blöcke werden in der Mitte mit einem zusätzlichen Streichholzschächtelchen versehen. Die Außenflächen werden nun mit Buntpapier oder einer Pappe beklebt, so daß die Züge des Schreibtisches auch zu öffnen sind.

Andere Schränke und Möbel lassen sich in gleicher Weise herstellen, wobei darauf verwiesen werden soll, daß es nicht unbedingt Streichholzschächtelchen zu sein brauchen, mit denen gebastelt wird, sondern daß sich alle im Haushalt anfallenden kleinen Schächtelchen in ähnlicher Weise verwenden lassen.

Für das auf unserem Foto dargestellte Zimmer sind unterschiedliche Schachteln gebraucht worden.

Um weitere Dekorationen im Zimmer zu schaffen, ist nicht sehr viel an Fantasie notwendig, denn die Angebote in unseren illustrierten Zeitungen,

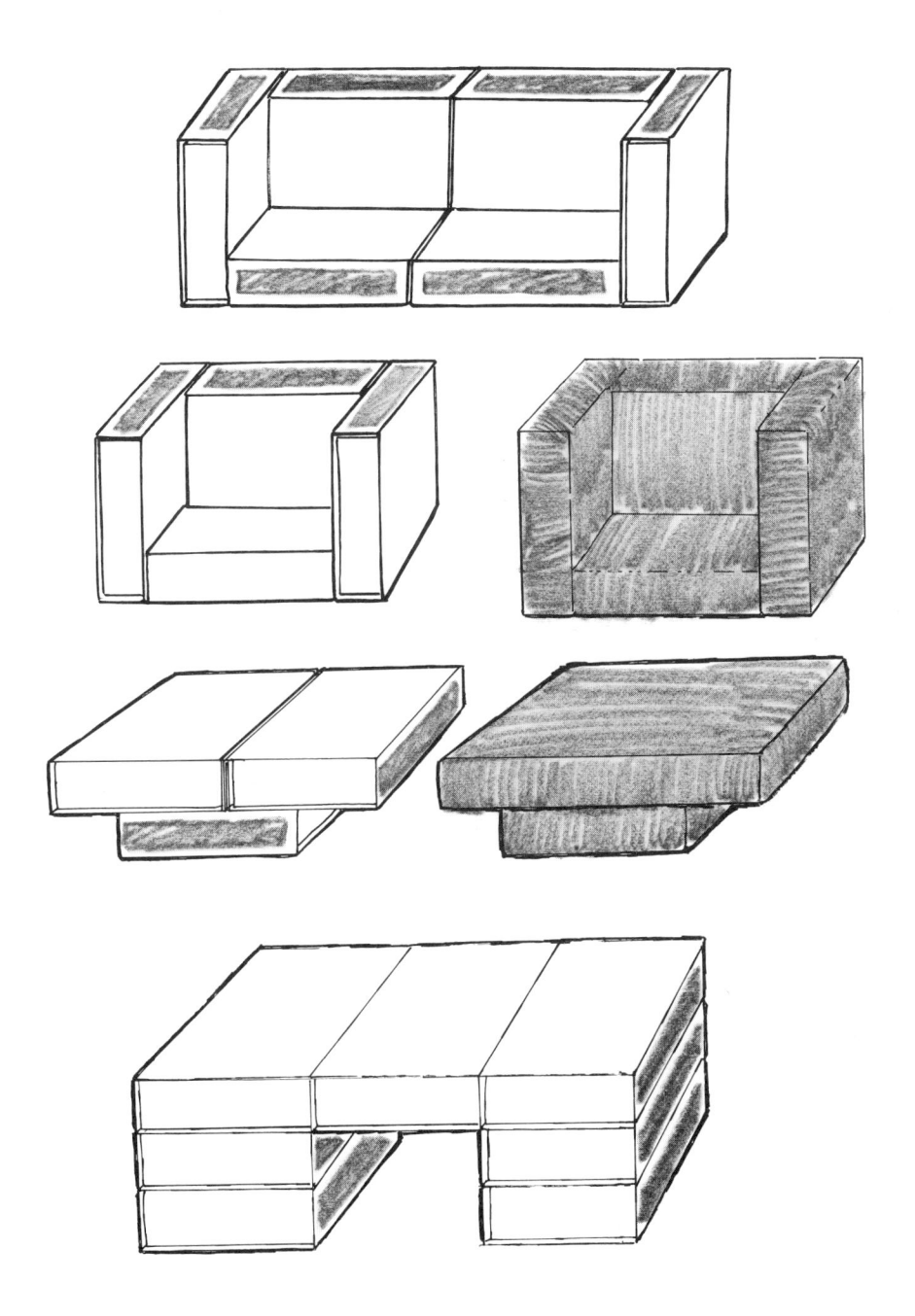

Abb. 25: Möbel für die Puppenstube – Streichholzschachteln als vielseitiges Bauelement.

in Kaufhauskatalogen und ähnlichem sind so vielfältig, daß man nur mit der Schere die Dinge ausschneiden muß, die man dann gerne sehen möchte. So lassen sich Teppiche aus Teppichangeboten ausschneiden, Bilder, die wir für die Wände benötigen, sind sehr häufig als reproduzierte kleine Bilderkarten in Zeitschriften zu finden. Auch anderes Zubehör ist auf diese Weise zu erhalten.

Wenn man von der Puppenstube zum Puppenhaus übergehen will, empfiehlt es sich, beim Auftrennen des Kartons nur eine Seite zu entfernen und die Decke im Hause zu lassen. So ergibt sich die Möglichkeit, zwei gleich große Kartons aufeinanderzustellen und ein Haus mit zwei Stockwerken zu erhalten. In einem zusätzlichen Karton kann man dann das Treppenhaus unterbringen, übrigens eine Einrichtung, die beim Spielen immer eine große Rolle spielt. Das Treppenhaus kann so gefertigt werden, daß neben übereinandergeklebten Streichholzschächtelchen Geländer in der Weise angebracht werden, wie wir sie bei der Herstellung von Gittern für den Zoo beschrieben haben. Diese Geländer bestehen also aus Wellpappstreifen, die schräg angeschnitten sind, und für die einzelnen Sprossen sind wiederum Schaschlikstäbe in diese Wellpappe eingesteckt worden.

Das Dach dieses Puppenhauses kann in der Weise gestaltet werden, wie wir es bei der Herstellung von Häusern für die Spiellandschaft bereits beschrieben haben.

Auch Flachdächer sind hier eine beliebte Spielfläche, zumal dann, wenn wir sie von außen her mit Gittern schützen, so daß die Püppchen, die sich auf dem Dach befinden, nicht herunterfallen können. Diese Gitterchen müßten dann in entsprechender Höhe angefertigt werden. Wenn wir es, um auf den schon beschriebenen Maßstab zurückzugreifen, mit kleineren Größen zu tun haben, können die Gitter auch mit Streichhölzern gefertigt werden, die wiederum in Wellpappstreifen eingeführt worden sind.

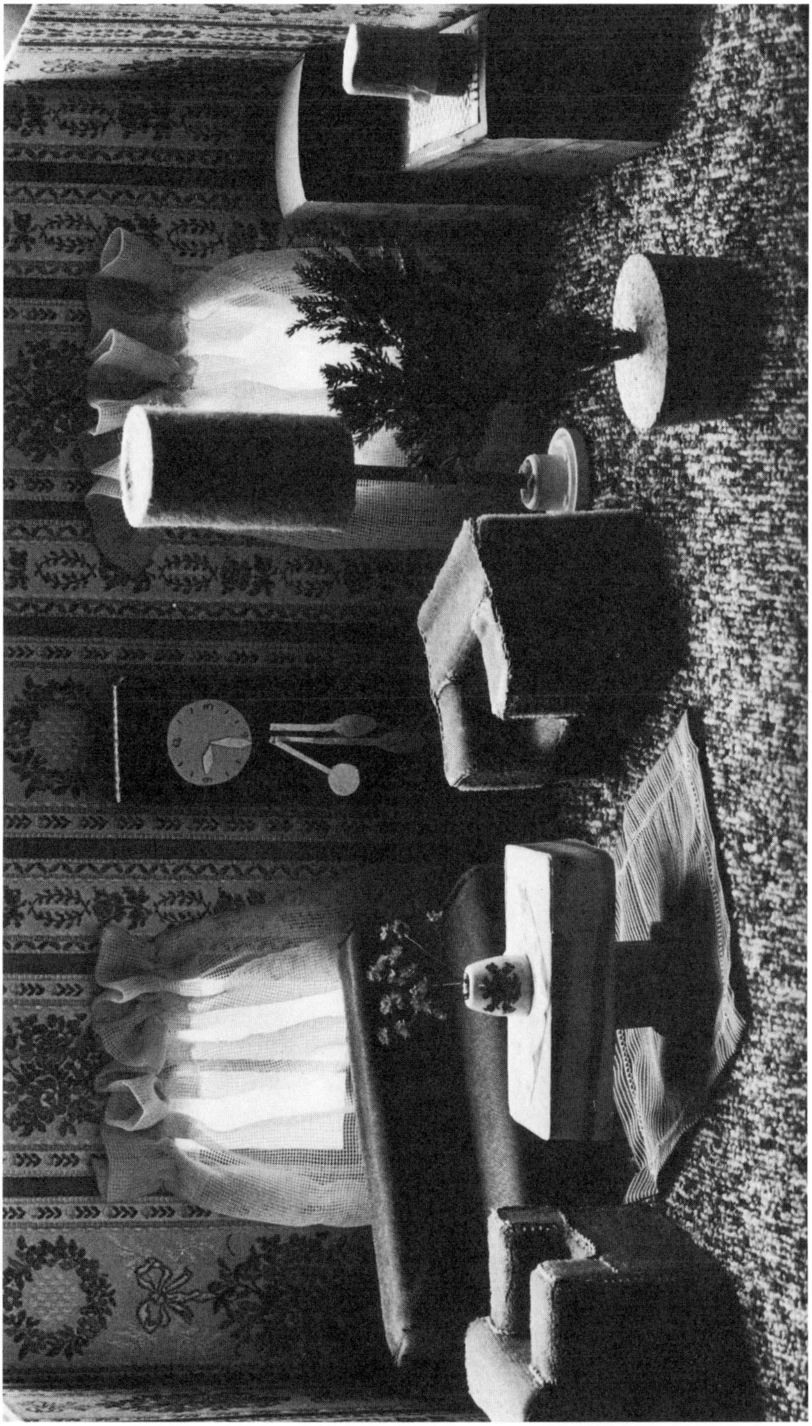

VIII
Puppentheater und Marionetten

Man kann das Theaterspiel zu den ältesten Spielen der Menschheit schlechthin rechnen. Es übte zu allen Zeiten eine großartige Faszination aus, wenn der Mensch seine eigene Rolle mit der eines anderen vertauschen konnte, wenn er gewissermaßen in eine andere Haut schlüpfte, auch wenn es nur für eine bestimmte Zeit war, um einen anderen Menschen zu spielen.

In unserem Sprachgebrauch wird sehr häufig die Redewendung gebraucht: „Der spielt aber Theater!" Dann meint man, daß sich ein Mensch nicht so gibt, wie er wirklich ist. Auch die großen Theater, die Bühnen, von denen gesagt wird, daß die Bretter die Welt bedeuten, bis hin zu den kleinen Laientheatern üben einen ähnlichen Reiz aus, nur sollen diese nicht im Mittelpunkt unserer Betrachtung stehen.

Man kann nämlich auch mit anderen Dingen Theater spielen, mit Puppen zum Beispiel, die als leblose Wesen durch das Spiel des Spielers, durch die Bewegungen, die er verursacht, durch Worte, die er die Puppe sprechen läßt, zu einem eigenen Leben gelangen. Diese Puppen im Puppentheater haben auch ihre Tradition. Der bekannteste von allen Darstellern ist der Harlekin oder der Kasperle. Alle diese Puppen eignen sich vorzüglich für Beschäftigungen in der Gemeinschaft, und zwar einfach deshalb, weil man durch die Puppe sehr leicht Dinge sagen kann, die man im normalen Gespräch zu umgehen versucht. Ein weiterer Vorteil der Verwendung von Puppen für das Theaterspiel dürfte darin zu sehen sein, daß Kinder Puppen gegenüber viel zugänglicher sind. Dabei soll daran erinnert werden, daß die Sichtebene der Kinder ja erheblich unter der des Erwachsenen liegt. Wenn sie nun mit kleineren Wesen Umgang pflegen, eben mit den Puppen, fällt ihnen das Verständnis häufig erheblich leichter, als es größeren Wesen, eben Erwachsenen, gegenüber möglich ist.

Aus dieser Tatsache kann für unsere Arbeit der Nutzen gezogen werden, daß über die Puppen und über das Puppenspiel sehr viel leichter Brücken geschlagen werden können, einmal zum Mitmenschen schlechthin, besonders aber zur jüngsten Generation. Hier lassen sich Kontakte knüpfen, die sich sehr segensreich auswirken können.

Es gibt unterschiedliche Arten von Spielzeugtheatern: einmal Miniaturbühnen, bei denen winzige Figürchen auf der Bühne stehen. Sie sind in der Regel aus leichtem Karton ausgeschnitten und bunt angemalt. Ein Holzklötzchen, hinter die Füße des Figürchens geklebt, bewirkt, daß dieses steht und sich – der jeweiligen Szene angepaßt – verstellen läßt. Der junge Goethe besaß solch ein Theater, und noch im Alter berichtete er, wie stark es ihn geprägt hatte.

Aber es gibt auch modernere Formen dieser Bühnenart. Vor einigen Jahren tauchte im Spielzeughandel eine aus Plastik gefertigte Bühne auf mit reizend geformten Figürchen, die vollplastisch waren. Wir haben in unserem Hause mit dieser Bühne unsere eigenen guten Erfahrungen gemacht. Ein Schauspielerehepaar im Ruhestand, ausgezeichnet mit der goldenen Bühnennadel, besuchte damals seit einiger Zeit unser Haus, ohne nennenswert an der Arbeit teilzunehmen. Mit der Schauspielern eigenen Liebenswürdigkeit beteuerten beide, mit zwei linken Händen geboren worden zu sein. Sie waren uns liebe Gäste, die erst aktiv wurden, als wir solch eine Bühne für das Haus anschaffen konnten. Bei dieser Bühne wird die Bewegung der Figürchen dadurch bewirkt, daß unter den Füßen ein Metallplättchen angebracht ist, und zwar ein Eisenplättchen, das von unten her mit einem Magneten gesteuert werden kann. So können diese Püppchen über den glatten Boden gleiten, und es kommt Bewegung ins'Theaterspiel. Mit dieser Anschaffung war der Grundstein für eine zweite Karriere dieses Schauspielerehepaares gelegt. Die Bühne fand vollen Beifall. Es wurden eigene Theaterstücke geschrieben, die dann auf ihr Publikum warteten, und dieses war bald gefunden. Ein entsprechender Aushang in unserem Schaufenster hatte junge Mütter mit ihren Vorschulkindern ins Haus gelockt, und so konnte eine einzigartige Premiere stattfinden. Die Kinder waren begeistert, Studenten und Senioren natürlich auch, und als die kleinen Gäste nach dem Stück auch hinter die Bühne durften, um mit den Püppchen selbst zu sprechen, kannte der Jubel keine Grenzen. Es wurde von unseren älteren Besuchern lediglich bemängelt, daß die kleinen Gäste nicht bewirtet worden seien. Bei folgenden Veranstaltungen wurden sie mit Negerküssen und Limonade beglückt, die aus Spendenmitteln angeschafft worden waren.

Neben den Stock- und Handpuppen sind Marionetten wegen ihrer Beweglichkeit ausgesprochen beliebt. Dabei ist die Herstellung einer

Marionette wesentlich einfacher, als es dem Laien erscheinen mag (*Abb. 26*). Das Foto auf *Seite 101* zeigt ein gelungenes Beispiel.

Zunächst wird als Mittelpunkt der Figur der Rumpf gefertigt oder eben aus einer vorgefertigten Form genommen. In unserem Falle haben wir eine kleine Pappschachtel dazu gebraucht, an die nun unten die Füße, seitwärts die Arme und oben der Kopf zu montieren sind. Die einzelnen Gliedmaßen, einschließlich des Kopfes, müssen recht locker mit dem Rumpf verbunden sein, damit die Bewegungen hinterher leicht auszuführen sind. Wir haben eine Reihe von Zeichnungen gefertigt, aus denen ersichtlich ist, in welcher Reihenfolge zweckmäßigerweise verfahren wird und welche Schwerpunkte bei unserer Arbeit zu beachten sind.

Zunächst wird der an sich leichte Rumpf im Unterteil etwas beschwert, damit er eine gewisse Statik in den Spielvorgang bringt. Dann werden die Beine, die ebenfalls aus Pappe sein können, mit Gelenken versehen. Für diese Gelenke nehmen wir einfache Stoffstreifen, die jeweils in der Richtung angeklebt werden müssen, und zwar flach, in der sich das einzelne Glied später bewegen soll. Auch die Knie werden in ähnlicher Weise gefertigt. Wichtig bei den Beinen ist, daß die Füße, also der Bereich, der später als Schuhe ausgewiesen wird, mit kleinen Gewichten versehen werden, damit die Füße immer auf dem Boden der Wirklichkeit bleiben.

In ähnlicher Weise werden die Arme gefertigt. Es ist hier zweckmäßig, auf Gelenke am Ellenbogen zu verzichten, einmal, weil das eine zusätzliche Arbeit ist, zum anderen, weil das beim späteren Spiel zusätzliche Geschicklichkeit erfordern würde.

Als letztes wird der Kopf angebracht, und zwar ebenfalls mit einem Stoffstreifen, der die Bewegung nach vorne gestattet, damit unsere Marionette sich später verbeugen kann. Die Ausarbeitung des Gesichtes kann individuell erfolgen. Da mag jeder seine eigenen Künste erproben. Wir haben hier aus einer runden Papphöhre, in die wir einen Korken eingedrückt haben, den Kopf gefertigt. Es läßt sich aber aus fast jedem anderen Material ebenfalls ein Kopf anfertigen. Das können kleine leere Schächtelchen sein, man kann den Kopf aus Watte formen und mit Stoff beziehen, die Möglichkeiten sind schier unendlich. Nach dieser Arbeit wird zunächst das Gesicht gemalt, man kann das mit einfachen Deckfarben durchführen. Je lustiger so ein Gesicht aussieht, um so mehr Freude wird es später als fertige Marionette machen.

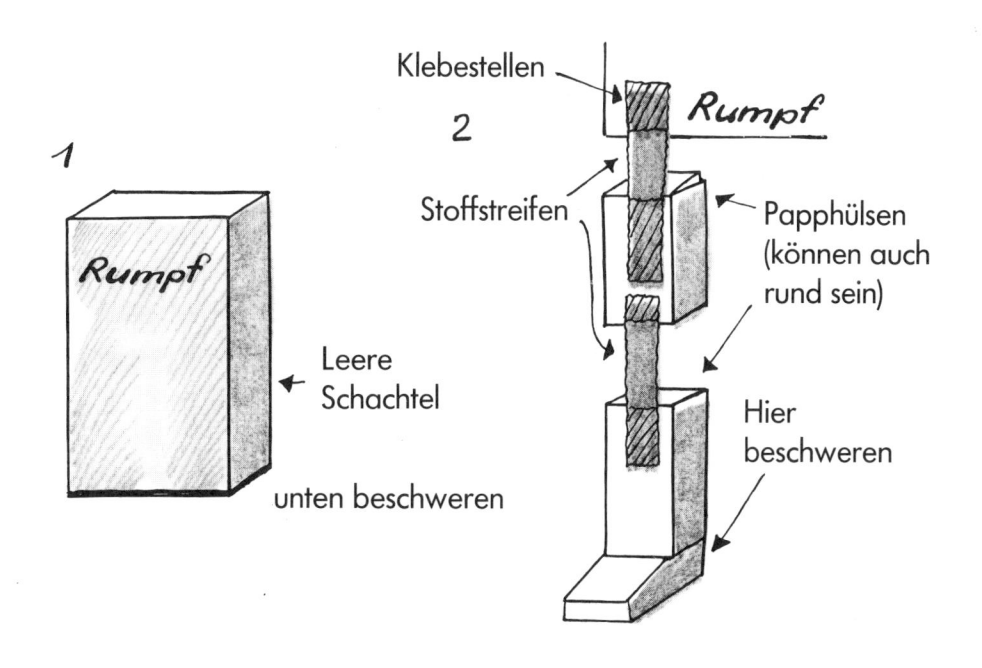

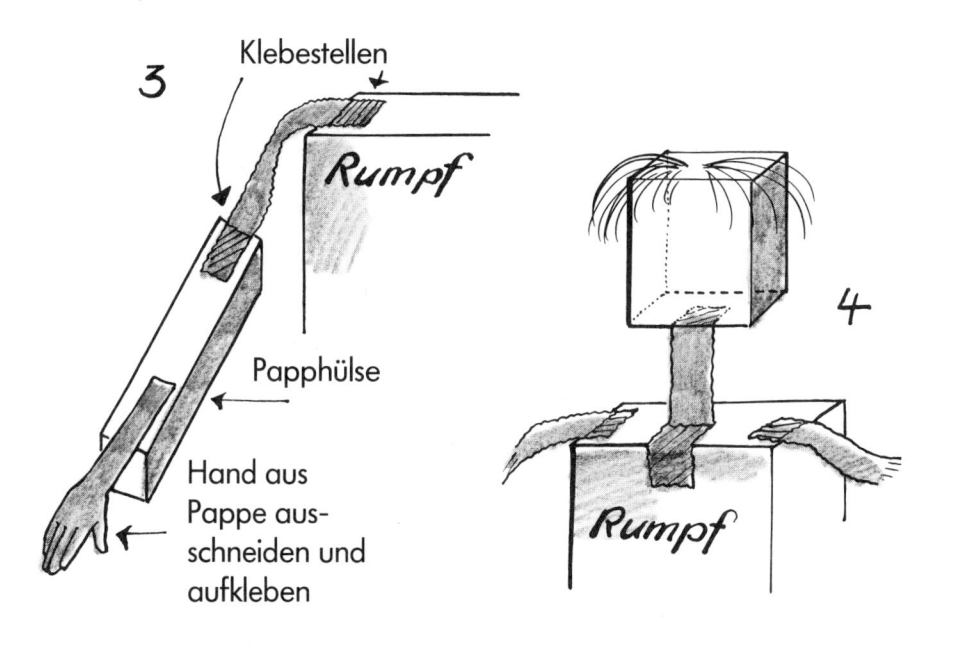

Abb. 26: Das Herstellen einer Marionette aus Schachteln und Papphülsen ist einfacher als es zunächst scheint.

Dann kann die ganze Figur angezogen werden. Hier ist eine wichtige Regel zu beachten: Bitte verwenden Sie keine dicken Stoffe. Je dünner ein Stoff ist, um so leichter wird er sich in den Gelenken bewegen lassen. Die Garderobe muß nicht vorher genäht werden, sie kann an die festen Teile des Körpers angenäht oder auch aufgeklebt werden. Einige Herren, die in unserer Runde mitarbeiteten, haben den Stoff einfach mit kleinen Drähten und mit Nadeln an die Puppe geheftet. Wenn die Einkleidung fertig ist, bleibt lediglich, das Köpfchen mit Haaren zu versehen; das kann Wolle unterschiedlicher Art sein, das können andere Textilien sein, man kann auch die Haare einfach aufmalen.

Nun folgt das Wesentliche der Marionette: An den in *Abb. 27 und 28* gekennzeichneten Punkten sind die Fäden anzubringen. Der Hauptfaden ist im Genick der Puppe direkt an den Rumpf gebunden, damit die Figur ihren festen Halt hat. Die Fadenenden werden in der gewünschten Höhe auf ein Führungskreuz und ein Stäbchen gebunden, und zwar auch so, wie es *Abb. 28 (Seite 99)* ausweist.

Jetzt bleibt nur noch der Bau einer Marionettenbühne. Auch das ist wesentlich einfacher, als es zunächst den Anschein haben mag. Eine Holzplatte, ungefähr in Tischhöhe, ist erforderlich, wenn auf dem Fußboden gespielt werden soll. Die kleinen Zuschauer würden sich dann zweckmäßigerweise auf den Fußboden setzen, um einander nicht die Sicht zu versperren. Natürlich kann die Holzplatte bemalt sein, sie ist ja das Bühnenbild. Man kann dieses Bild auch auf einen entsprechend großen Bogen Papier malen, um das Bühnenbild zu wechseln. Vor dieser Holzplatte kann nun gespielt werden.

Die Spieler sitzen auf Stühlen hinter der Platte und lassen die Fäden mit ihrer jeweiligen Figur vor der Platte agieren. Die Spieler werden bei dieser Art von Spiel vom Zuschauer gesehen, deshalb ist es reizvoller, wenn der obere Teil der Bühne nach vorne verhängt wird. Das kann mit einem beliebigen Tuch geschehen und auch in beliebiger Weise. Da sind der Fantasie keine Grenzen gesetzt.

Bei ganz großartigen Vorführungen wäre natürlich ein Vorhang anzubringen, der in unterschiedlicher Weise gefertigt werden kann. Die einfachste Form ist die, daß ein oben festgemachtes Tuch jeweils zu einer Seite der Bühne weggezogen werden kann.

Und nun geht es ans Spielen. Wie man die Marionette führt, wird in

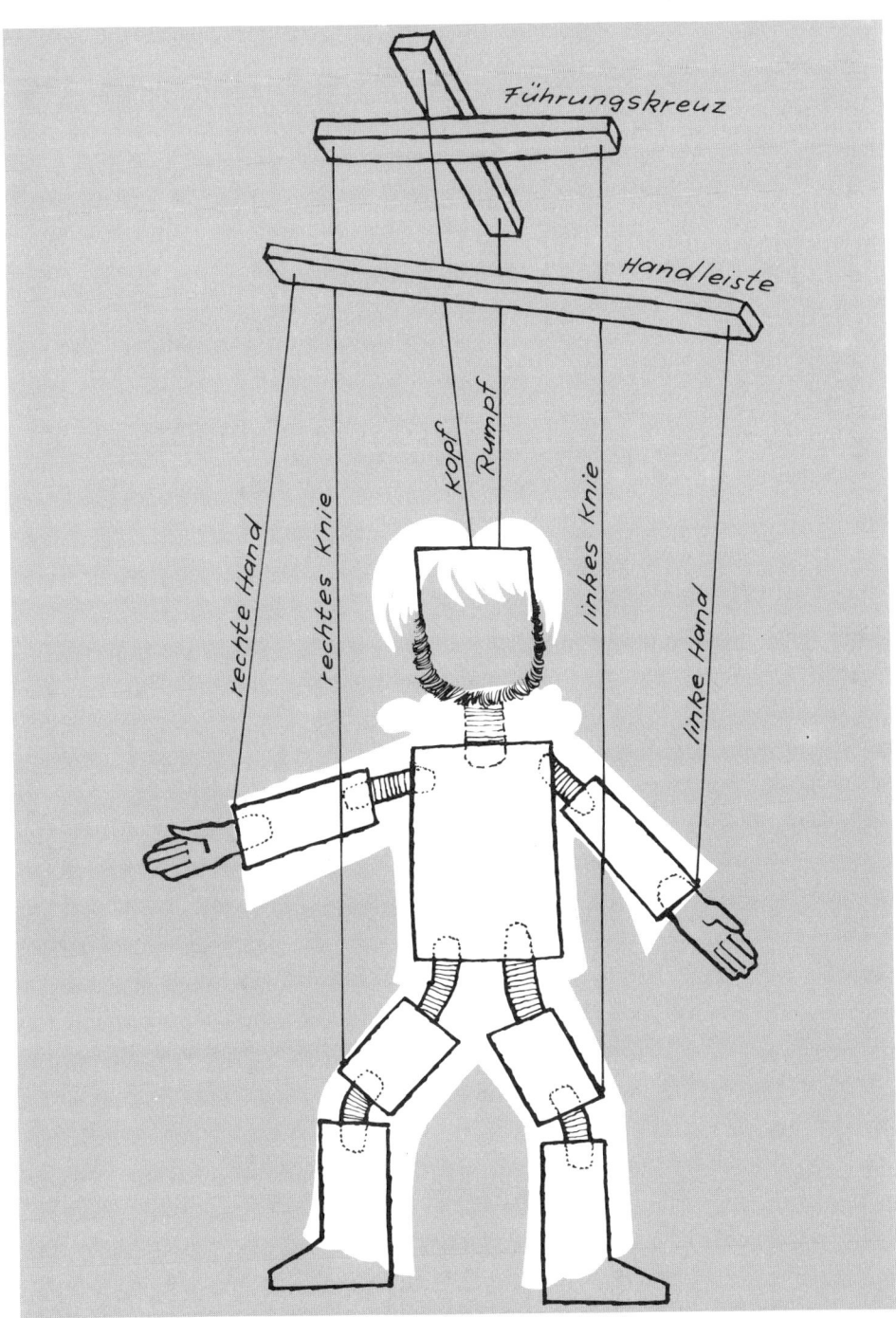

Abb. 27: An sechs Fäden hängt die Marionette, und ihre Bewegungen hängen davon ab, ob diese Fäden an den richtigen Stellen angebracht sind.

Abb. 29 (Seite 100) erklärt. Der Arm des Spielers soll bequem auf dem Brett aufliegen. Wir haben bei älteren und jüngeren Mitspielern beobachtet, daß es nach einem längeren Spiel gewisse Ermüdungserscheinungen gibt, und wir haben deshalb die obere Kante des Brettes leicht ausgepolstert.

Dann bleibt lediglich als Aufgabe, geeignete Spielstücke zu erfinden, die improvisiert sein können, die aber auch vorweg durchgeplant und durchgeprobt sein können. Bei unseren Spielern führt jeweils ein Spieler eine Figur, das erleichtert die Arbeit, weil neben dem Marionettenkreuz das auf der Zeichnung gezeigte Stäbchen die Bewegung beider Hände bestimmt.

Nach einiger Übung im Führen der Marionetten wird man sicher auf den Gedanken kommen, unterschiedliche Tiere und andere Fabelwesen zu erfinden. Hier ist tausendundeine Möglichkeit offen.

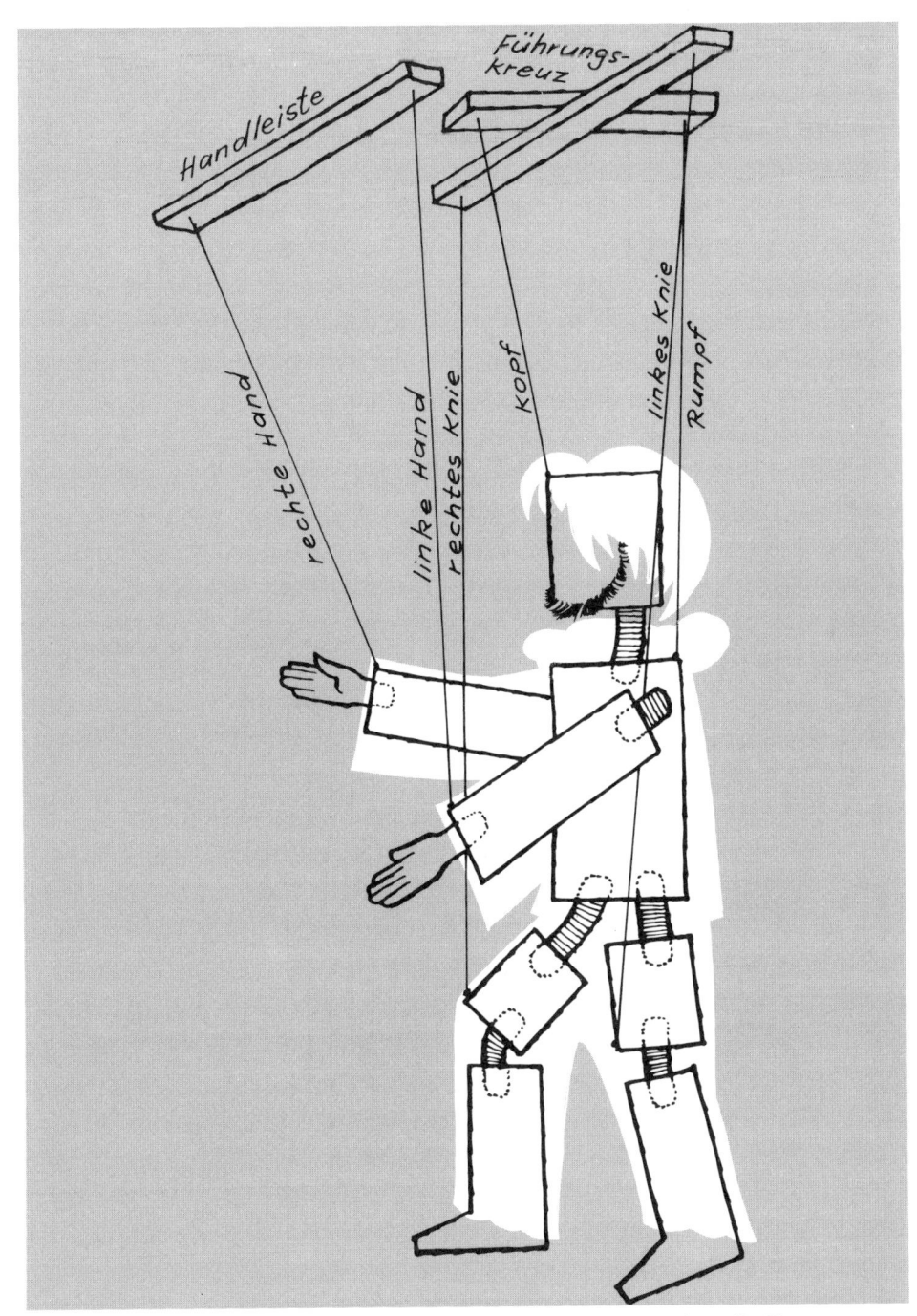

Abb. 28: Mit der Handleiste und dem Führungskreuz werden die Bewegungen der Marionette ausgeführt.

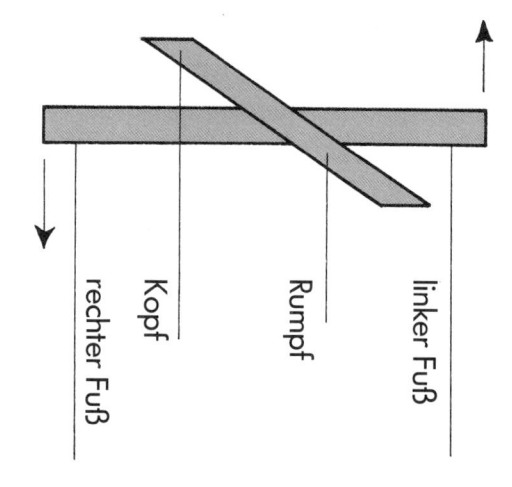

Führungskreuz mit der rechten Hand führen. Durch seitliches Auf- und Abbewegen der Querleiste heben sich die Knie der Marionette. Bewegt man die Figur dabei langsam vorwärts, entsteht der Eindruck des Gehens. Soll die Figur sitzen, wird einfach das Führungskreuz gesenkt.

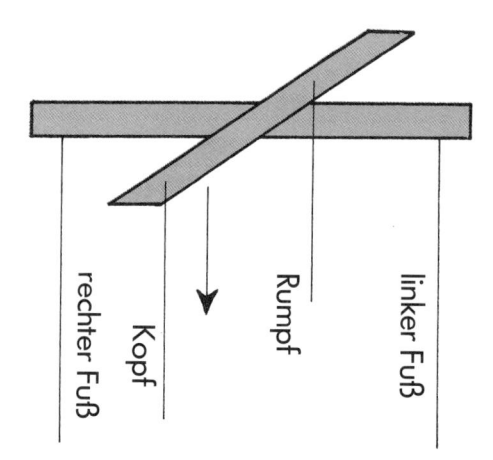

Bewegt man die Längsleiste nach vorn, neigt die Figur den Kopf.

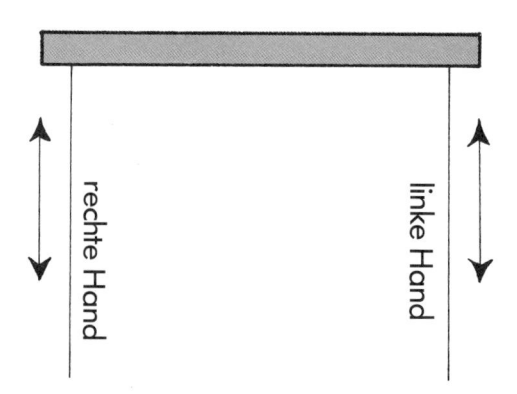

Handleiste mit der linken Hand führen. Hier werden ebenfalls durch seitliches Neigen die Hände der Marionette bewegt.

Abb. 29: So wird die Marionette geführt.

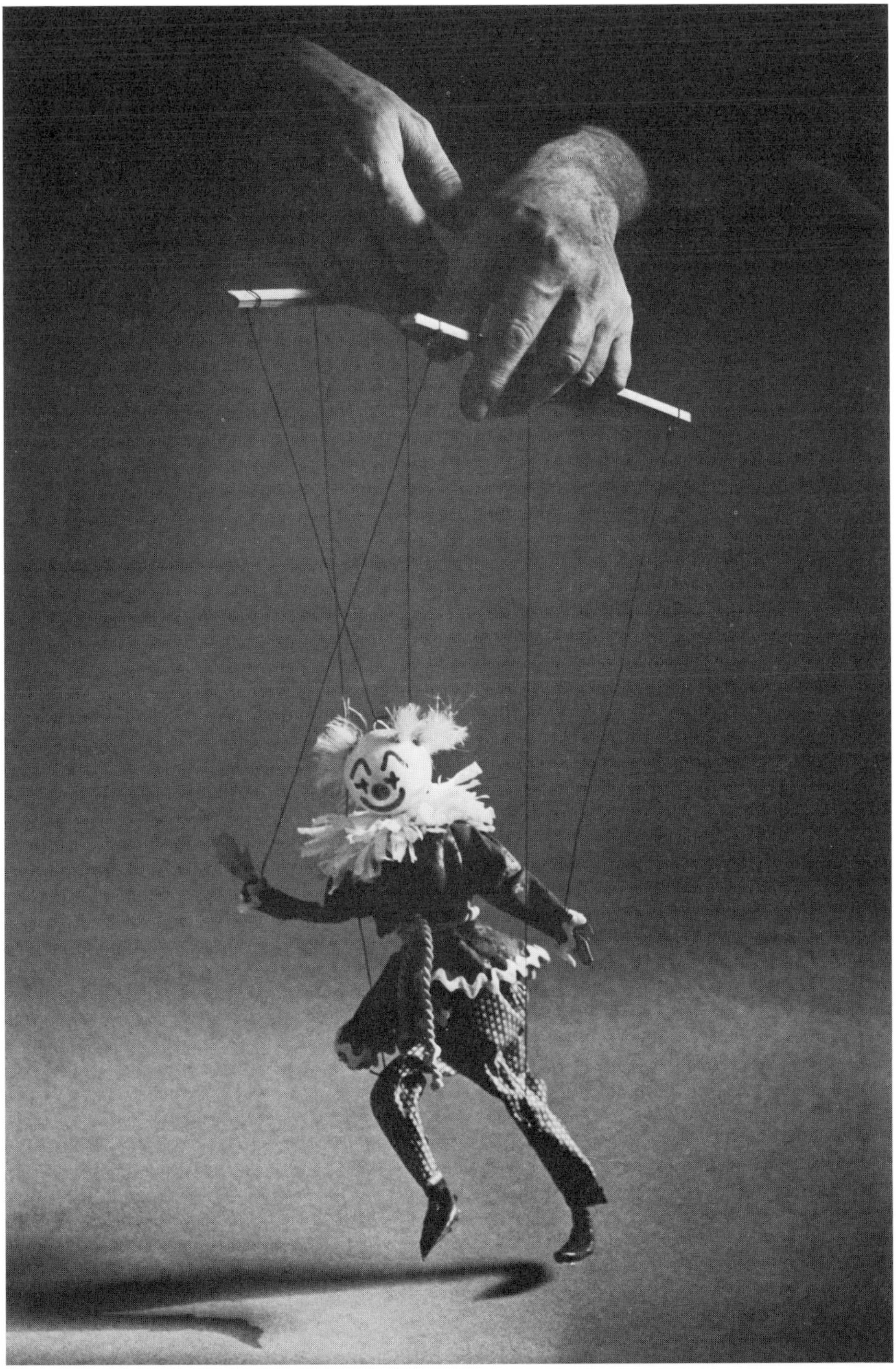

Übersicht
Materialien – Bastelvorschläge

Dinge aus der Natur
Windmühle aus Strohhalmen 12
Wassermühle aus Ästen 16
Miniaturlandschaft 18
Männchen und Tiere 20
Vögel aus Muscheln und Pfeifenreinigern 22
Durchsichtige Weihnachtskugeln 31
Durchsichtige Ostereier 34
Rindenschiffchen 48
Plastische Bilder 52
Miniaturen, Reiseandenken 56

Papier/Postkarten/Bilder
Schiffchen 42
Plastische Bilder 52
Reiseandenken, Miniaturen 56
Bäume aus Draht und Papier 72

Schachteln/Streichholzschachteln
Miniaturlandschaft 18
Schiffchen, Schiffsmodelle, Hafenanlage 42
Plastische Bilder 52
Reiseandenken, Miniaturen 56
Spiellandschaften: Häuser, Stadt 62
               Zoo 74
               Bauernhof 84
Puppenstube und Puppenmöbel 87
Marionetten 92

Stoff

Waschläppchen in Tierform	26
Osterhäschen	28
Wandbilder	36
Püppchen aus Draht und Stoff	67
Marionetten	92

Draht

Püppchen	67
Bäume	72
Tiere	82

Pfeifenreiniger

Vögel (aus Muscheln)	22
Vögel (Hahn als Beispiel)	78
Tiere (für den Zoo)	81

Holz

Wassermühle aus Ästen	16
Marionetten: Handleiste, Führungskreuz, Bühne	96

Dinge aus dem Bastelgeschäft

Durchsichtige Weihnachtskugeln	31
Durchsichtige Ostereier	34
Plastische Bilder (Figürchen)	52
Reiseandenken, Miniaturen (Figürchen)	56

Weitere Bände in der Reihe
Die erfahrene Generation

Klaus Oesterreich	**Älterwerden – ohne Angst** Fragen und Verstehen – Mit dem Arzt im Gespräch · Mit Auskunftsgutschein
Heinz Ufer Siegfried Scheffel	**Jederzeit Reisezeit** Mit Freu(n)den planen – erleben – erinnern Mit Reisetest und Plastiktaschen
Elsbeth Wagner	**Zeit für sich – Zeit für andere** Hundert Beispiele für Hobby und Helfen Mit Testspiel „Freizeit-Wegweiser"
Imo Wilimzig (Hrsg.)	**1900–1950** Fünfzig Jahre erlebte und geschriebene Geschichte · Vorwort von Prof. Brocher
Friedrich Zeis	**Der Familiendetektiv** Wie Familienforschung interessant wird Mit Forscherkassette
Franziska Stengel	**Kochen für Ältere** Neuartige Küchentips aus medizinischer Sicht · Mit 8 Farbtafeln und Küchentip-Kärtchen
Franziska Stengel	**Gedächtnis spielend trainieren** 33 Spielarten mit 333 Spielen
Franziska Stengel	**Heitere Gedächtnisspiele** Training zur Erhaltung geistiger Beweglichkeit *Spielleiterband* *Spielmappe* für 1–3 Spieler *Ton-Cassette* für Hörübungen
Franziska Stengel	**Von der goldenen Hälfte des Lebens**

Lassen Sie sich die Bände bei Ihrem Buchhändler vorlegen.

Ernst Klett Verlag, Stuttgart